W0066684

Andreas Beck

Meine Psalmen

Übersetzungen
und Zeichnungen des Autors

Clio-Verlag Konstanz

Mich drängt's,
den Grundtext aufzuschlagen,
mit redlichem Gefühl einmal
das heilige Original
in mein geliebtes Deutsch
zu übertragen

Goethe, Faust I

Für Käthe und Martin Walser
in Dankbarkeit

Ähnlichkeiten mit lebenden oder verstorbenen abgebildeten Personen
sind rein zufällig, ein konstruierter Versuch der
Übereinstimmung mit realen Personen der Vergangenheit
oder der Gegenwart ist nicht möglich.

ISBN: 978-3-00-028180-8, 1. Auflage 2009
© by Clio-Verlag, Franz-Liszt-Straße 1, 78464 Konstanz a. B.
www.buchhandel.de/clio
Gestaltung und Herstellung:
fgb · freiburger graphische betriebe, Freiburg i. Br.
www.fgb.de

Inhaltsverzeichnis

3. Buch

4. Buch

5. Buch

Vorrede

Es gibt wohl kaum einen Text in der Bibel, der es so schwer hat, von den heutigen Menschen verstanden zu werden, wie die Psalmen. Die nahezu dreitausend Jahre alten Texte haben den heutigen Menschen offensichtlich nicht mehr so viel zu sagen. Meine eigenen Kinder, meine Kollegen und Freunde scheinen die antiquierte Sprache nicht mehr zu verstehen, in deren Form sie sich zeigt, insbesondere dann wenn die hebräische Ausdrucksweise und deren Welt ihnen unbekannt ist. Die große und ehrwürdigste Übersetzung der Psalmen stammt von Martin Luther, und in der Nachfolge sind zahlreiche mehr oder weniger gelungene Übersetzungsversuche unternommen worden, um dieses großartige Werk den Menschen wieder nahezubringen. Menschen der Sprache wie Arnold Stadler oder Franz Johannes Weinrich haben es mit überwältigendem Erfolg geschafft, diese Texte wieder lebendig werden zu lassen.

Warum nun ein weiterer Versuch? Die Psalmen sind mir von Kind auf neben dem Buch Hiob die liebsten Texte des Alten Testamentes gewesen, die von

Gottes Nähe, von Vertrauen, Überwindung der Ängste und von Trost in Verlassenheit und Not sprechen.

Ein ganzes Leben lang haben sie mich begleitet, und ich fand sie immer aktuell, in welcher Lebenslage man sich auch befand. Aus diesem Grund sind ‚Meine Psalmen' entstanden, eine sicherlich nicht kirchlich autorisierte Übersetzung von Texten, von denen ich meine, daß sie es wert sind, auch in unserer Zeit wieder in verständlicher Sprache mitgeteilt zu werden. Es mag sein, daß diese Übersetzung aus dem Hebräischen nicht geeignet ist, um in einer ehrwürdigen Kathedrale während der Liturgie vorgetragen zu werden, da sie eben eigensinnigerweise so übersetzt wurden, daß sie möglicherweise nicht hoffähig sind. Außerdem habe ich bewußt kleinere Passagen aktualisiert und mit moderneren Menschen, die uns allen noch bekannt sind, besetzt, weil manche alttestamentarischen Begebenheiten, Personen und Orte einer langen Erklärung bedürfen, wenn sie danach überhaupt verstanden werden können. Versucht habe ich jedoch, in den entscheidenden Phasen nahe am Text zu bleiben und habe manches nur so formuliert, wie man es heute eben sagen würde, wohl wissend, daß ich keinen Beifall oder gar zustimmendes Schulterklopfen benötige.

Es sind meine Psalmen, die mir ein Leben lang geholfen haben, den lieben Gott verstehen zu lernen, seine Schöpfung zu begreifen und mit den Abgründen der menschlichen Boshaftigkeit, die uns alle umgeben, umgehen zu können – ganz genauso wie der Psalmist vor nahezu dreitausend Jahren.

Immer wieder sind mir Bilder eingefallen, die ich beim Lesen und Übersetzen der alten Texte im Kopf hatte.

Einige von den vielen hundert, die ich dazu gemalt habe, habe ich hier reproduziert. Es sind meist Figuren aus der Tiefe eines Bewußtseins, mit den Psalmen nicht nur irgendeinen alten Text vor sich zu haben, sondern beim Lesen die großen Gestalten des Alten Testamentes im Inneren aufsuchen und finden zu können, seien sie freundlich oder auch angstmachend und böse. Auch hier gilt: Es sind meine Psalmen und meine eigensinnigen Zeichnungen.

Die Psalmen sind geeignet für Gläubige und Ungläubige, insbesondere aber auch für Exkommunizierte, Suspendierte, Verleumdete und vor allen Dingen für elende, schwache und kleine Menschlein, also für fast alle von uns.

Ich danke von Herzen Martin Walser und seiner Frau Käthe, die nie gezögert haben, einem kleinen Autor über die Klippen der menschlichen Boshaf-

tigkeit zu helfen. Dem wortmächtigsten Dichter
unserer geliebten deutschen Sprache sei ein innig-
ster Dank gesagt. Seinem Lieblingsschüler Arnold
Stadler möchte ich an dieser Stelle herzlichst dafür
danken, daß er, einer der ganz großen Sprach-Gei-
ster, die ich in diesem Leben gehört habe, mit der
größten Selbstverständlichkeit und Bereitwilligkeit
das Vorwort des Dichters zu diesen Psalmen geschrieben hat, wohl wissend, daß nicht einmal ein
Jahrzehnt zuvor er selbst einen großartigen gelungenen Versuch der Psalmenübersetzung vorgelegt
hatte.

Meinem Freund und Weggefährten aus guten
theologischen Zeiten, Monsignore Bernhard Appel,
möchte ich auch dafür danken, daß er mir das Vorwort des Theologen geschrieben hat.

Er ist einer der wenigen, denen auf dieser Welt Exkommunizierte, Suspendierte, Elende, Bedrängte,
Auswegslose und Leidende bestens bekannt sind.
Solche Menschen sind sein tägliches Brot als Cari-
tas-Direktor einer der großen deutschen Diözesen.
Bernhard Appel fragt nicht nach der Herkunft, nach
dem Wohin oder dem Weshalb des menschlichen
Elendes, sondern er hilft mit Akribie und unermüdli-
chem Fleiß, daß das Elend in dieser Welt ein klein
wenig abgemildert wird. Er lebt ganz unter dem Je-

suswort: ‚… was ihr dem Geringsten meiner Brüder getan habt, das habt ihr mir getan!'

Dankbar gedenken möchte ich an dieser Stelle meines großen Lehrers und Arztes, Professor Dr. Werner Wenz, der das inhomogene literarische Treiben seines Medizinschülers mit großen fragenden Augen begleitet hat und all dies immer nur unter der Maßgabe sah: Ist es gut? Ist es auch wahr? Hilft es den Menschen durch dieses elende Leben?

Mit stiller Wehmut denke ich jeden Tag mit Dank an ihn und seine liebe Frau, wie er mit heiterem Gleichmut die Gebresten des Alters zusammen mit seiner Frau Hannelore tief gläubig und demutsvoll annimmt, ohne zu klagen oder gar zu hadern. Wieviel verdanke ich ihm.

Ein herzliches Dankeschön möchte ich auch meiner stets bienenfleißigen Chefsekretärin, Frau Helga Schmitt, aussprechen. Sie hat wie immer die Manuskripte gesichtet, geordnet, mit Geduld geschrieben und alles das besorgt, was sonst in einem großen Verlag unzählige fleißige Geister tun. Ohne ihre Hilfe wären die Psalmen wohl nicht fertig geworden.

Auch meinen ärztlichen Mitarbeitern im Klinikum Konstanz möchte ich herzlich danken, denn sie haben das Schreiben, Räsonieren und eigensinnige Malen ihres alten Chefs ertragen und mit Interesse verfolgt.

Die Psalmenübersetzung heißt mit Absicht ‚Meine Psalmen‘, weil wohl die eine oder andere Übersetzung aus der Biblia hebraica für alttestamentarische Exegeten möglicherweise sogar ein Greuel darstellen. Die kirchliche Druckerlaubnis habe ich nicht beantragt und würde sie auch nie bekommen. Etenim imprimatur – trotzdem werde es gedruckt.

Die Psalmen sind aber vor dreitausend Jahren zustandegekommen, weil Menschen wie du und ich vor Elend, Ausweglosigkeit und geistiger wie körperlicher Not Hilfe gesucht haben, gesucht und gefunden haben, wie ich meine.

Konstanz,
im September 2009

Vorwort
von Monsignore Bernhard Appel

„Was du ererbst von deinen Vätern, erwirb es, um es
zu besitzen."

Diese aus vielfältigen Lebenserfahrungen ge-
wonnene und in Goethe's Faust in Worte
geronnene Lebensweisheit war stets eine der
Maximen des Andreas Beck. Bereits im Vorwort seines im Jahre 2003 erschienenen Buches „Des Seligen
Suso unheilige Schüler" findet sich dieses Zitat mit
Blick auf seine Schulzeit in Konstanz und es kann an-
gewendet werden auf viele seiner zahlreichen Bücher:
so besonders auch auf die eigene vorliegende Übersetzung „seiner Psalmen". Der große Lehrer des
Alten Testaments, der Freiburger Bibelwissenschaft-
ler Professor Alfons Deissler gab uns die Weisung mit
auf den Weg: „Wir müssen uns zuerst ans Ufer Israels
über-setzen, um die Psalmen je neu für uns zu ‚über-
setzen'!" Dass der Theologe und Psalmenbeter
Andreas Beck ein über viele Jahre gewachsenes im

doppelten Sinne „eigen-ständiges" „Über-Setzen"
und einen „tief-gründigen" Blick und Zugang zu den
Texten der Bibel gewonnen hat, dass ihm dabei alt-
testamentliche Texte besonders ans Herz gewachsen
sind, verdankt er in besonderer Weise Alfons Deissler
und dies erschließt sich seinen Lesern überdeutlich
in der im vergangenen Jahr erschienenen Übersetz-
zung des Hiob-Buches. Nun sind es die Psalmen,
„seine Psalmen", die er uns vorlegt, diese von den Vätern ererbten Menschheitstexte, die er sich in über-
zeugender und beeindruckender Weise erworben,
erschlossen, sich zu eigen gemacht hat. Und in diesem „Sich-zu-Eigen-Machen" kommt die „Glaubens-
kraft" des Autors, so Martin Walser in seinem Buch
„Der Lebensroman des Andreas Beck seinen Büchern
nacherzählt" von 2006, zum „Vor-Schein" und wird
zum glaubwürdigen Zeugnis seines eigenen tiefen
Glaubens und seines nach verständlichen, verstehba-
ren und begreifenden Worten ringenden und suchenden Betens. So sind es „seine Psalmen" geworden,
die ihm ein Leben lang halfen, den „lieben Gott" verstehen zu lernen, seine Schöpfung zu begreifen und
auch mit den Abgründen des menschlichen Daseins
umgehen zu können. Daran lässt uns der Autor Anteil
nehmen, damit auch uns die Psalmen wieder neu vielfache Denk-Impulse geben und uns helfen, Gottes

Wege verstehen zu lernen, seine Schöpfung zu begreifen und mit den menschlichen Grenzen verständnisvoller umgehen zu können.

Mit großer Freude übernehme ich in langjähriger freundschaftlicher Verbundenheit mit dem Autor, die in meine ersten Studientage im Wintersemester 1972/73 an der Universität Freiburg und im Collegium Borromaeum zurückreicht, die Aufgabe mit einigen in die Psalmen einführenden Gedanken das Vorwort des Theologen und wünsche schon jetzt den von Andreas Beck neu in unsere heutige Sprache übersetzten, verständlichen Psalmen, „seinen Psalmen", viele begeisterungsfähige Leserinnen, Leser und Rezipienten.

Denn wer die Psalmen betet und meditiert, wer sich von ihren Worten packen und begeistern lässt, der wird mit dem konkreten Leben konfrontiert und zum praktischen und konkreten Tun angeleitet, im biblischen Sinne „gesandt". Psalmen versetzen den betenden Leser in die Spannung des „ora et labora", von Kontemplation und Kampf.

Dies illustriert anschaulich die folgende kleine Geschichte:

Rabbi Schmuel von Kaminka, eine bedeutende Gestalt des chassidischen Judentums, erzählte aus seinem Leben folgende Geschichte:

„Einmal beschloss ich, einen ganzen Tag der Rezitation der Psalmen zu widmen. Als ich gegen Abend kurz vor dem Abschluss meines Gebetes war, kam der Diener meines Rabbis, des ‚Tschidnower Maggids‘, zu mir herüber und sagte, der Maggid wünsche mich zu sprechen. Ich bat ihn, dem Rabbi zu sagen, ich würde sofort nach dem Abschluss des Gebetes zu ihm kommen. Doch kam der Diener zurück und sagte, der Rabbi fordere mich auf, sofort ohne Verzug zu kommen. Als ich zu meinem Lehrer kam, fragte er mich, warum ich der ersten Aufforderung nicht nachgekommen sei, und ich erklärte ihm den Grund. Der Maggid erwiderte: „Ich habe dich gerufen, damit du eine Sammlung für einen in Not geratenen Juden durchführst. Psalmen können die Engel genauso gut singen wie wir, doch sterbliche Menschen allein kann Gott dazu brauchen, um den Armen zu helfen. Wohltätigkeit ist ein größeres Werk als das Psalmengebet, da nicht einmal Engel dieses Gebot erfüllen können!" (nach P. Kuhn; Weißt du, wo Gott zu finden ist? Geschichten aus dem chassidischen Judentum, Kevelaer 1984, 87 f.) Diese Geschichte will nicht vom Beten der Psalmen abhalten. Sie zeigt aber augenfällig, dass die Liebe zu Gott sich in der Liebe zum Nächsten entfaltet und dass die Liebe zum Nächsten und zum Menschen in Not aus der Liebe zu Gott kommt und von

daher Stärke und Großzügigkeit gewinnt. Diese Aus-
sage beschreibt nicht nur den caritativ-diakonischen
Grundauftrag für heute (Gott als *„ein Anwalt für alles
Elend"*, Ps 18,28), sondern sie ist die Grundüberzeu-
gung der gesamten biblischen Botschaft für alle Zeit.
Sie ist auch die Botschaft der Psalmen. Wer die Psalmen der Bibel betet, der wird aus seiner Selbstbezo-
genheit, aus seiner Einsamkeit und Lebensangst zu
echter und tiefer Menschlichkeit befreit, weil er sich
so dem menschenfreundlichen Gott Jahweh entge-
genstreckt (Erich Zenger). So führt die Begegnung
mit den Psalmen zur „Wiederentdeckung der Würde
des Menschseins" (Walter Strolz).

Mit Recht werden die Psalmen als die „Urform allen Betens" bezeichnet. In ihnen „pulsiert das Leben
des altbundlichen Gottesvolkes" (Alfons Deissler).
Mit und in ihnen gibt das Volk Israel Antwort auf
Gottes Worte und geschichtliche Taten. Deshalb hat
der große Heidelberger Alttestamentler Gerhard von
Rad in einer berühmt gewordenen Formulierung die
Psalmen zusammenfassend als „Antwort Israels"
gekennzeichnet. In diesen 150 Gebeten, Gedichten
und Liedern wird sichtbar, dass Israel sich als das
Volk des Bundes begriffen hat, das in einer lebendigen Kommunikation mit Jahweh, dem Gott der Be-
freiung aus dem Sklavenhaus Ägypten, steht. Die

Psalmen des Psalmenbuches sind zusammen mit vielen weiteren in den Büchern des Alten Testaments überlieferten Psalmen und Gesängen (vgl.: Ex 15; Dtn 32; Ri 5; 1 Sam 2; 2 Sam 22; 23; Jes 12; 38; 63 f.; Jona 2; Hab 3; Jdt 16) Ausweis und Ausfluss dieser Kommunikation. Sie sind Israels Antwort auf die Erfahrung der Zuwendung und der leidvollen Verborgenheit Jahwehs. Die Antwort macht deutlich, „wie Israel ... diese Existenz in der Unmittelbarkeit und Nähe zu Jahweh bejaht und verstanden hat; welche Anstalten es getroffen hat, sich vor sich selbst und vor Jahweh in dieser Nähe zu rechtfertigen oder zu schämen. Sie zeigt uns aber auch, wie Israel in diesem Verkehr mit Jahweh sich selbst offenbar wurde und in welchem Bild es sich sah, wenn es redend vor Jahweh trat" (Gerhard von Rad).

Die Psalmen sind eine Antwort des Lobpreises. Die hebräische Tradition fasst das den Psalmen gemeinsame Grundanliegen in dem Titel zusammen, mit dem sie dieses Buch insgesamt bezeichnet: *sefär tehillim* (Buch der Preisungen) entfaltet eine an Martin Bubers berühmte textnahe Übersetzung erinnernd zentrale theologische Gesamtdeutung: In jedem einzelnen Psalm geht es um den Lobpreis des Gottes Israel. Diese Deutung, die in der griechischen Bibel, der Septuaginta verloren ging – dort wird vom

Buch der Psalmen (griechisch psalmós: „Lied") oder vom „Psalter" (griechisch *psaltérion*: hebräisch *nebäl*: „Standleiter", „Harfe") ein Hinweis über den Gebrauch dieser gesungenen Gebetstexte mit Musikinstrumenten gemacht – überrascht, wenn man mit Aufmerksamkeit wahrnimmt, dass der größere Teil der Psalmen nicht aus Lobpreis, sondern aus Klage besteht. Doch auch die Klage und alles, was in den Psalmen ins Wort gefasst wird, der Lobpreis, die Bitte, der Dank steht auf der festen Grundlage des Glaubens an die erfahrbare Wirklichkeit Gottes, dass Er da ist und da sein will in der Mitte seines Volkes, dass Er Jahweh ist, „ein lebendiges Du, ein ansprechbarer Gott, der hört und sich herausfordern lässt, dem man sein Herz ausschütten kann, dem man alles sagen darf (ohne Angst vor Missverständnissen und Sanktionen!), der es sich sogar ‚gereuen' lässt (vgl. Ex 32, 14) – das ist die Grundposition, von der die Psalmen herkommen und die sie uns zur Annahme und Einübung anbieten" (Erich Zenger).

Dennoch übersteigen die Psalmen den Bereich Israels. Sie artikulieren auf vielfache Weise das bleibend Menschliche. Und so laden sie auch heute dazu ein, zu Gott zu sprechen, ihm zu danken, ihn zu loben, ihn zu bitten, auch vor ihm zu klagen und dies sowohl beim persönlichen Beten und beim Beten im

kleinen Kreis als auch im gottesdienstlichen Bereich
der Gemeinde und beim Stundengebet der geistli-
chen Gemeinschaften.

Wenn wir heute die Psalmen beten, sollten wir nie
vergessen, dass sie von ihrem Ursprung her die Gebete des Volkes Israel waren. Die Juden haben über
Jahrtausende ihrer Geschichte mit den Psalmen ihre
Identität bewahrt und bis heute weitergegeben als
Zeugnisse des Bundes Gottes mit seinem Volk und
der bleibenden Würde des Menschen und der Menschlichkeit. So kann das Beten der Psalmen für Christen
auch als eine Form der Solidarität mit dem jüdischen
Volk verstanden und so bewusst geübt werden. Wir
Christen sollten beim Beten der Psalmen nie vergessen, dass die Psalmen zum Gebetsschatz Jesu und der
ersten christlichen Gemeinden gehörten. Wir sollten
beim Beten der Psalmen daran denken, dass die Wurzeln des christlichen Glaubens im Judentum liegen
und wir sollten uns zu diesem jüdischen Erbe bekennen, das seit den Ursprüngen der Kirche bei uns vor-
handen ist. So müssen die Psalmen auch als Brücke
zwischen Judentum und Christentum verstanden
werden. Sie sprechen von ein und demselben „lieben
Gott", verbinden uns mit Generationen von betenden
und glaubenden Menschen und stellen uns so in die
Geschichte der Menschheit hinein.

In der Tatsache, dass uns in den Psalmen vorformulierte Gebetstexte vorgelegt sind und uns für unser Beten zur Verfügung stehen, sehe ich vielerlei Vorteile, gerade im Blick auf Not- und Grenzsituationen unseres menschlichen Lebens. Gerade in Stunden der Ratlosigkeit und der Resignation, des Leids und der Angst, aber auch der Freude und des Glücks, vermögen diese vorgegebenen Texte aus der Sprachlosigkeit herauszuführen und Situationen einen Deutungshorizont und eine Erlebnistiefe zu geben, die Menschen aus eigener Kraft und eigener Sprachmächtigkeit kaum vollbringen können. Vorformulierte Gebetstexte wie die Psalmen, mit denen Generationen von Menschen das Leben, ihr Leid und den Tod bestanden haben, können in vielen Situationen, auch am Kranken- und Sterbebett, Kraft und Trost geben und so zum Segen werden. Wie viele Menschen hat zum Beispiel der sogenannte Hirtenpsalm, der Psalm 23, den Andreas Beck so übersetzt: „Du, lieber Gott, bist der Urgrund meines Lebens, es fehlt mir nichts... Du machst mein Inneres froh. Du führst mich, verborgen zwar, aber unübersehbar vom Anfang meines Lebens bis zum Ende. Und was macht es, wenn ich im Elend versinke, ich habe keine Angst mehr; denn du stehst jenseits der Angst, und mit einem Wort von dir ist sie wie weggeblasen…" im Laufe ihres Lebens begleitet und in den dunkel-

sten Stunden Trost und Durchhaltevermögen durch
die Erfahrung des Geleits und der Nähe des lebendigen Gottes geschenkt. So kann ich nur empfehlen,
den einen oder anderen Psalm immer wieder zu beten und sich Psalmen so zu eigen zu machen, dass sie
aus dem Gedächtnis rezitiert und gleichsam wie das
„Vater-unser" im Schlaf gebetet werden können und
so in uns selbst zur eisernen Ration geistigen Eigen-
tums und geistiger Nahrung gehören, die uns trägt
und leben lässt. Mit den Psalmen der Bibel ist es wie
mit dem Brot: Nur dem, der es isst, gibt und stärkt es
das Leben. Wer die Psalmen betend bedenkt und
„*über diese Gottesregeln nachdenkt bei Tag und bei Nacht.*"
(Ps 1,2), wer mit ihnen „*aus dem tiefsten Elend ruft*"
(Ps 130,1) und wer mit ihnen staunend-dankend auf-
schaut zu Jahweh, „*der in seiner ewigen Welt ist und auf
uns herabschaut, der trotz seiner Größe den Schwachen aus
dem Dreck herausreißt, den Armen erhört, der im Schmutz
liegt*" (Ps 113,6 f) – der wird erfahren, dass „der
Mensch von allem, lebt, was der Mund des Herrn
spricht" (Dtn 8, 3): Er lebt vom Brot und vom Wort,
die Gott gibt (Erich Zenger).

     Gerade für heutige, in der Kommunikation mit
Gott teilweise sprachlose und stumme Menschen
sind die Psalmen Beispiel-, Lehr- und Lern-Texte, au-
thentische Zeugnisse der gelungenen Kommunika-

tion und der Begegnung mit Gott. Sie lehren exemplarisch, wie Menschen auch heute beten und mit Gott in Verbindung treten und bleiben können. So können sie von den Psalmen lernen, was Beten bedeutet.

Wer die Psalmen betet und auslegt, dem ist verheißen, dass sich die befreiende Weite des Wortes Gottes vor ihm auftut, ganz so wie es Psalm 18 beschreibt *„aus diesem Elend hast du mich wieder ins Weite geführt"*. So im Glauben feststehend, bleibt der Mensch ein freier Gesprächspartner für seine Mitmenschen und vor Gott, der die nicht zugrunde gehen lässt, die auf ihn hoffen (vgl. Ps 9,19). Sie lässt er *„fest auf seinem Grund"* stehen (vgl. Ps 31,9). Ihnen gibt er *„Halt, überall und zu jeder Zeit"* (Ps 30,8). Er ist ihr *„Angstlöser"*: Denn Er hat *„mein ganzes ängstliches Gestammle und mein depressives, trauriges Geschwätz mit einem Male in Fröhlichkeit und Freude umgedreht"* (Ps 30,12). Er ist der, *„der mich wieder aufgerichtet hat und mir die Menschenwürde zurückgab"* (Ps 18,50).

Dieses tragende Erfahrungswissen und diese für ein Leben aus dem Glauben grundlegende Erfahrungswirklichkeit bezeugt der Autor tiefgründig und authentisch, so dass sie weitergetragen werden können und auch die nachfolgenden Generationen als Sinnperspektiven des Lebens zu tragen vermögen, ganz im Sinne der Aufforderung des großen Dichters: „Was du ererbst von deinen Vätern, erwirb es, um es zu besitzen."

Monsignore Bernhard Appel,
Diözesan-Caritasdirektor, Freiburg

Für die weitere Beschäftigung mit den Psalmen empfehlen sich folgende Psalmenkommentare und Einführungen:

H.J. Kraus, Psalmen, Neukirchen 5. 1978.
G. Bitter, N. Mette (Hrsg.), Leben mit Psalmen, München 1983.
A. Deissler, Die Psalmen, Düsseldorf 7. 1993.
E. Zenger, Mit meinem Gott überspringe ich Mauern, Freiburg, Basel, Wien 1987.
W. Strolz (Schriftleitung), Aus den Psalmen leben, Freiburg, Basel, Wien 1979.
F.-L. Hossfeld, E. Zenger, Die Psalmen, Psalm 1 – 50, Würzburg 1993.
K. Seybold, Die Psalmen, Tübingen 1996.
F.-L. Hossfeld, E. Zenger, Psalmen 51 – 100, Freiburg, Basel, Wien, 2000.
K. Seybold, Poetik der Psalmen, Stuttgart 2003.
F.-L. Hossfeld, E. Zenger, Psalmen 101 – 150, Freiburg, Basel, Wien, 2008.

Vorwort
von Arnold Stadler

Von Gott kann nur ein Kind wissen, daß er „lieb" ist. Und dann noch Andreas Beck in seinem Buch „Meine Psalmen".
Den „lieben, lieben Gott" hat Andreas Beck zum Anker-Namen, zum Leuchtturm-Namen in seiner Übersetzung gemacht, und zu einem roten Faden und Hauptnamen von „Meine Psalmen". Da all die gescheiten Namenserklärungen, denen ein Theologiestudent im Lauf seines Studiums begegnete oder begegnen musste, nicht geholfen haben, da die Theologen mit ihren Erklärungen nicht weitergekommen sind auf diesem Weg (dem intellektuellen, einer Methode, die doch keine Durchgangsmöglichkeit zu dem ganz Anderen hin eröffnet), kehrt dieser Mensch wieder zum „lieben Gott" zurück. Zur Kindersprache, von der die Erwachsenen ein Leben lang träumen, von jener Nähe, die es einst gab, beim Nachtgebet. Es war das gemeinsame mit einer Mutter, zum lieben Gott, und dann konnte sie getrost das Licht ausmachen und das Kind schläft wie in Psalm 4.

– Ja, der kindliche Glaube an den lieben Gott konnte auch ein wunderbares Schlafmittel sein, darin schon mit der Freude auf das Aufwachen.

Dieses Buch ist auch gerade für mich etwas Staunenswertes, denn ich frage mich: wie schafft dieser Mann das alles, was er zweifellos schafft? Und vor allem: wie glückt ihm das alles? Mich erinnert das an das Staunen der Kopisten, die sagen, daß sie ein Leben dafür bräuchten, Mozarts Partituren abzuschreiben. Mozart hat sie auch noch komponiert. Und so ist es auch ein wenig hier, das heißt: geht es mir beim Lesen dieser Psalmen, die nun zu dem überaus reichen und vielfältigen Werk von Andreas Beck hinzukommen.

Über die Tatsache hinaus, daß wir, das heißt: Andreas Beck und ich, unsere Versuche genau den beiden verehrten Nußdorfern, Käthe und Martin Walser gewidmet haben, verbindet uns die Sache selbst: dieses Buch, das eine Art Lebensgefährte ist, so daß wir „mein" sagen können, aber ein „mein" von der Art, wie es etwa in „meine Frau" vorkommt – und nicht einen Besitz, wie etwa in „mein Auto" anzeigt, sondern eine nach Verschmelzung tendierende Nähe. Und so sind Andreas Becks Psalmen.

Diesen innigen, guten, einfachen, zutreffenden Titel „Meine Psalmen" hätte ich auch für meine Ar-

beit, die nur ein Drittel der 150 im alttestamentlichen
Buch der Psalmen umfasst, gehabt. Mein Versuch
hat allerdings den Titel „Die Menschen lügen. Alle"
– was nicht meine Erfindung ist, sondern sinngemäß
genau so im Psalm 116 steht, aber doch auf eine andere Welterfahrung deutet, wie sie aber auch in den
Psalmen immer wieder vergegenwärtigt ist, ein Auf-
enthalt auf der Schattenseite, auf der Seite des Klage-
liedes, wie es in den Psalmen durchaus, und auch in
dieser Übersetzung, mehr als vorkommt.   Andreas
Beck jedoch, Sonnenkind und auch Genie, wie nicht
nur Martin Walser meint, schafft es auch hier in seiner Übersetzung, die widerwärtigsten Zustände und
Beschreibungen des Inneren, die Nachtgespenster
und überhaupt das tatsächliche Gesindel dieser Welt,
die Verneiner, die Vernichter, nicht aufkommen zu
lassen, sondern es immer auf den zweiten Platz zu
weisen.

   „Meine Psalmen" ist vieles, und auch ich müsste
eigentlich ein Buch darüber schreiben, so wie es
Martin Walser in seinem „ Der Lebensroman des Andreas Beck. Seinen Büchern nacherzählt von Martin
Walser" getan hat. Es ist, für mich, vor allem ein großes „Ja", zum lieben Gott, der es hier mit einem ganz
konkreten Menschen und seinen konkreten Tagen
und Nächten zu tun hat.

Beck gibt diese berühmten Texte, die Gedichte und Lieder sind, so wieder, daß der Mensch, der es liest, etwas davon hat, d.h.: daß er etwas versteht. Von sich selbst vor allem, denn der große Gott bleibt ein Geheimnis, eines aber, auf das wir vertrauen können, und Jener, von dem wir wissen, daß er es gut mit uns meint, und zwar mit jedem einzelnen, der sich an ihn wendet. Lieber Gott! - Das ist jetzt schon fast eine Predigt.

In den Psalmen und ebenso auch in dieser Übersetzung von Andreas Beck ist der Mensch vor allem etwas Einmaliges und Vergängliches und Konkretes, mit Augen und Ohren und einer Stimme versehen, vor der Unvergänglichkeit des Ewigen, der ein „lieber Gott" ist, etwas Konkretes, das angesprochen werden kann, und sogar mit: Du!

Wie der Psalmist ist auch der Psalmist mit Gott per Du. Das ist in dieser Übertragung sein wichtigster Name.

Das ist geschrieben, in seine Sprache und Welt übersetzt von Einem, der weiß, wie die Welt ist, und auch der Mensch, in seinen Abgründen und Unvollkommenheiten, aber auch in seiner Einmaligkeit und Unvergleichlichkeit, so daß allenfalls das biblische Bild, daß der Mensch ein Ebenbild Gottes sei, weiterhilft. Aber er ist – nach Pascal – auch das Wesen der Mitte, irgendwo angesiedelt zwischen Himmel und Hölle.

Hier spricht auch immer wieder der Arzt, der es mit dem Heilen zu tun hat. Nicht der Mediziner, der nur die Apparate kennt.

Hier, bei Beck in Psalm 26: „prüfe alles, sogar die Funktion meiner Nieren und meines Herzens". Das Herz ist immer dabei.

Auch kann der Leser auf das Wort „depressiv" stoßen, auf Dinge, die es nun einmal gibt.

Es ist diese „meine Psalmen" sehr nahe am Leben.

Der „liebe Gott" ist eben kein triumphierender Gott, aber er bleibt doch und wird währen und ein machtvoller Gott sein, der das letzte Wort hat, das erste ohnehin. Der „liebe Gott" bleibt der liebe Gott. Noch der letzte der Psalmen , der 150. Psalm, ist noch einmal eine große Danksagung und ein Jasagen. Und Andreas Beck war so frei, sich selbst hineinzunehmen in diesen Dank, für alles, möchte man sagen. Auch für das Malen und Malenkönnen.

„Meine Psalmen": das ist der wunderbare Beweis, daß es geht, ja. Und daß es gut ist, vom lieben Gott zu reden, ja, sogar mit ihm. Und dann auch noch per Du!

Am Ende meiner Lektüre, die in diesem Fall mehr ist und sein darf und muß als Lektüre, scheint es mir, daß alles gesagt war dieser Lebenserfahrung zuliebe, die ein A und O ist.

Ich habe beim Lesen den Eindruck bekommen, daß diese Psalmen eine ganz persönliche Danksagung sind, der Dank eines immer wieder Genesenden, Auflebenden an den „liebenden Gott". Und eine Aufforderung an die anderen, also auch an mich, in diesen Jubel und dieses Glück, daß das Leben das schönste Geschenk des lieben Gottes ist, einzustimmen.

Arnold Stadler

Erstes Buch

Psalm 1

Die verschiedenen Wege

¹ Wohl dem Menschen, der nicht auf den Rat der Bösen hört, nicht auf dem Weg von Übeltätern geht und nicht im eleganten Kreis von Spöttern sitzt,

² sondern innere Freude hat an Gottes Gesetzmäßigkeiten, der über diese Gottesregeln nachdenkt bei Tag und bei Nacht.

³ Man kann den vergleichen mit einem riesigen Baum, der neben einem Bach steht, der immer Frucht bringt und dessen Blätter immer grün bleiben. Das was dieser Mensch anfaßt, bringt er glücklich zu Ende.

⁴ Nicht so das Gesindel: Sie sind vergleichbar mit den Blättern im Wind.

⁵ Wenn dieses Gesindel einmal vor dem Richter steht, gelten sie gar nichts mehr und Übeltäter unter den Gerechten genauso wenig.

⁶ Denn es gibt jemand, der den Weg der Güte kennt, die Richtung des Bösen jedoch auch, und der fährt einzig ins Verderben!

Psalm 2

Das Gemaule gegen den Schöpfer

¹ Warum spielt die ganze Welt ver-
rückt, warum schmieden alle Nationen
fürchterliche Pläne gegeneinander?

² Die Hitlers der Erde erheben sich, die Stalins,
Francos, Napoleons und Attilas verbünden sich gegen Gott und die sich zu ihm bekennen.

³ Weg mit den einengenden Meinungen und Dog-
men und fort mit jeder Art der Unfreiheit!

⁴ Doch der liebe Gott, der das alles vom uner-
reichbaren Himmel aus beobachtet, lacht und spottet amüsiert über sie.

⁵ Dann aber schreit er sie im Zorn an und mit
Donnerstimme wird er sie erschrecken:

⁶ Ich, ich allein habe einen Stellvertreter auf der
Erde eingesetzt, auf Zion, meinem heiligen Berg!

⁷ Darüber möchte ich der ganzen Welt berichten.
Denn der liebe Gott sagte zu mir: Du bist mein Sohn.
Du stammst von mir selbst ab.

⁸ Du kannst haben von mir was du willst, selbst
wenn es alle Völker der Erde wären, zusammen mit
dem ganzen Universum.

⁹ Du kannst sie mit einer eisernen Keule wie Krüge aus Ton in Scherben schlagen.

¹⁰ Also, ihr sogenannten Mächtigen der Erde, fangt an zu denken und besinnt euch, ihr lächerlichen Gebieter, Potentaten dieser Erde!

¹¹ Habt große Angst vor dem lieben Gott und verneigt euch mit Zittern vor ihm,

¹² damit er euch nicht entsetzlich straft und euer Weg nicht geradezu ins Verderben führt.

Es fehlt nichts, daß er euch in seinem Zorn zerschlägt, aber wohl allen, die auf ihn setzen!

Psalm 3

Gott hilf

[Davids Psalm, als er vor seinem
Sohn Abschalom floh]

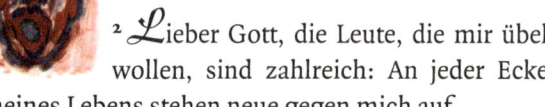 ² 𝓛ieber Gott, die Leute, die mir übel
wollen, sind zahlreich: An jeder Ecke
meines Lebens stehen neue gegen mich auf.

³ Alle diese Leute sagen nur: Schau, ein lächerlicher,
machtloser und haltloser Mensch, gottverlassen!

⁴ Du aber, lieber Gott, bist meine einzige Hilfe,
du allein läßt mir noch meine letzte Ehre und richtest mich auch wieder auf.

⁵ Ich habe laut zu dir, lieber Gott, gerufen und es
scheint, daß du mich von ganz oben herab sogar gehört hast.

⁶ Ich gehe schlafen und kann dies nur, weil ich
weiß, daß du mich wieder aufweckst und im Schlaf
beschützest.

⁷ Ich fürchte nicht einmal das bösartige zahlreiche Gesindel um mich herum, auch wenn sie mir Tag
und Nacht an den Kragen gehen wollen.

⁸ Lieber Gott, steh doch auf, lieber Gott, hilf mir!
All meinen bösartigen Verleumdern, den Schwät-

zern, Intriganten und eleganten Besserwissern hast
du aufs Maul geschlagen, du hast
diesen Ganoven die Zähne einge-
schlagen.

9 Seht ihr, nur beim lieben Gott
findet ihr Hilfe. Sein Segen komme
auf alle herab.

Psalm 4

Der liebe Gott ist auch in der Nacht da

[für den Chormeister:
Ein Psalm Davids mit Saitenspiel]

² Wenn ich dich rufe, lieber Gott, dann hör doch auf mich, du bist doch meine einzige verbliebene Hilfe! Du hast mir schon so oft im Inneren Platz gemacht, wenn mir vor lauter Angst eng war. Sei mir doch gnädig und hör wieder, was ich dir sage!

³ Ihr bösen Intriganten, Verleumder, ihr Chefs, nichtswürdige Vorgesetzte, wie lange noch wollt ihr meine Existenz ruinieren, warum liebt ihr nur Lüge, Schein, Wortverdrehung und Betrug?

⁴ Begreift ruhig: Der liebe Gott hilft irgendwann einmal seinen treu Ergebenen, der liebe Gott hört auch auf mich, wenn ich ihn rufe.

⁵ Geifert nicht in böser Absicht gegen eure Mitmenschen! Denkt einmal darüber nach und haltet endlich euer Maul!

⁶ Gebt dem lieben Gott seine Ehre und hört auch ihr auf ihn!

⁷ Die meisten sagen ‚Was bringt uns das alles?‘ Lieber Gott, mach diesen Leuten die Augen auf!

8 Du hast mir soviel Zuversicht in mein Inneres gelegt, tausendmal mehr als wenn ich nur genug zu essen und zu trinken hätte.

9 In Frieden und Ruhe gehe ich jetzt schlafen, denn ich weiß, daß du, lieber Gott, dann meine Sorgen für ein paar Stunden wegnimmst.

Psalm 5
Eine Art Morgengebet

[für den Chormeister Davids
zum Flötenspiel]

² 𝓛ieber Gott, hör auf mich, es bleibt mir nur ein Seufzen!

³ Dann hör wenigstens mein lautes Schreien, lieber Gott, ich rufe zu dir!

⁴ Ich weiß, lieber Gott, daß du mein Rufen hörst, denn ich schau überall nach dir und deinen Werken.

⁵ Du bist nämlich kein Gott, der dort ist wo Unrecht geschieht, und boshafte Menschen sind da, wo du nicht bist.

⁶ Wer sich großartig aufspielt ist vor deinen Augen ein Nichts. Die Böswilligen trifft letztlich ihr eigener Haß, so hast du es bestimmt!

⁷ Lügner gelten bei dir nichts, und Mörder und Betrüger vernichtest du.

⁸ Ich darf aber zu dir kommen wegen deiner unendlichen Güte und Liebe, ich stehe hier in Ehrfurcht vor dir.

⁹ Sag mir doch einfach, lieber Gott, was ich tun

soll, zeig mir einen Weg, auf dem ich an meinen Feinden vorbeikomme.

¹⁰ Aus dem Mund von Ganoven, Lügnern und machthungrigem Gesindel kommt kein wahres Wort, ihr Innerstes ist schlicht die Bosheit selbst. Wenn sie ihr Maul aufmachen, stinken sie wie ein offenes Grab, und ihre Zungen ähneln einem ekelhaften Aal.

¹¹ Lieber Gott, sie sollen dafür büßen, sie sollen sich an ihrer eigenen Bösartigkeit verschlucken. Wirf sie hinaus, von dir weg, denn sie machen nichts anderes als über dich bösartig herzuziehen.

¹² Aber alle anderen, die deinen Weg kennen, sollen Mut und Vertrauen fassen, und das für immer!

Hilf doch denen, die dich, lieber Gott, ins Herz geschlossen haben, denn dann können sie dich auch weiter loben.

¹³ Du, lieber Gott, magst doch den Gerechten. Du schickst ihm die Gewißheit, daß er am Ende überlebt.

Psalm 6

Die Todesnot

[für den Chormeister:
Ein Psalm Davids. Mit Saitenspiel]

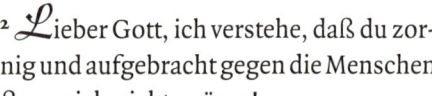

² *L*ieber Gott, ich verstehe, daß du zornig und aufgebracht gegen die Menschen bist. Aber laß es mich nicht spüren!

³ Laß mich leben, lieber Gott, ich bin jeden Tag schwächer. Heil mich doch, denn ich kann nicht einmal mehr meine Arme hochheben.

⁴ Mein Inneres liegt am Boden, meine Seele ist voll Angst, und sie wartet nur darauf, daß du ihr aufhilfst.

⁵ Lieber Gott, zeig dich mir doch und hilf mir, du bist gut, also hole mich hier heraus.

⁶ Wenn ich erst einmal tot bin, dann kann ich nicht mehr an dich denken. Soll ich dir denn unter dem Grabstein noch schöne Grüße schicken?

⁷ Ich kann nicht mehr, nicht einmal mehr zu dir rufen! Jede Nacht sitze ich in Angst und Elend wach in meinem Bett und habe nur noch Tränen übrig!

⁸ Ich sehe um mich herum nur noch Kummer und Elend, und das bösartige Gesindel um mich herum hat mich alt gemacht, alt und krank.

⁹ Haut ab, ihr Ganoven und Rechthaber! Der liebe Gott hat mein lautes Weinen gehört.

¹⁰ Er hat mein Elend gesehen und meine schlimme Lage durch euch erkannt. Erst jetzt ist es an euch, ihr Ganoven und Rechthaber, Angst zu haben, daß man einmal auch euch zur Rechenschaft zieht und bedrückt!

Psalm 7

In Verfolgung

[ein Klagelied Davids, das er dem Herrn
sang wegen des Benjaminiters Kusch]

² $\mathcal{L}$ieber Gott, wie ein Kind renn ich zu
dir, meinem Vater. Hilf mir vor den Leuten die mich verfolgen und schütze mich,

³ denn sie wollen mir ans Leben und mich nach
Löwenart zerreißen.

⁴ Wenn das stimmt, lieber Gott, was sie sagen,
daß ich nämlich unrecht habe,

⁵ wenn ich meinem Nächsten Böses angetan habe
oder wenn ich jemand bewußt gequält habe,

⁶ dann sollen sie mich wirklich am Hals kriegen
und mir das Leben auslöschen und überdies meinen
guten Ruf mit Recht auf dem Boden zertreten.

⁷ Lieber Gott, steh auf und hilf, erhebe dich mit
Zorn gegen das mich hassende Gesindel!

Wach doch auf, paß auf mich auf, Gott! Du kannst
doch alle zur Ordnung rufen, du der du ganze Völker
richten kannst.

⁸ Alle Menschen sollen um dich im Kreis umherstehen und du sollst über ihnen sitzen und richten.

⁹ Lieber Gott, wenn ich nichts getan habe, hilf mir. Ich bin schuldlos, ich verspreche es!

¹⁰ Wehre das Gesindel ab, das mir nach dem Leben trachtet, aber gib dem gerechten Freund Hilfe und Beistand, du, Gott, der alles auf Herz und Nieren prüft, also auch mich!

¹¹ Du beschützest mich doch, mein Gott, man sagt du schützest die Menschen, die ein redliches Gemüt haben.

¹² Lieber Gott, du bist doch gerecht, du bist ein Gott, der jeden Tag und jede Stunde Gerechtigkeit fordern kann.

¹³ Wenn das Gesindel seine gräßlichen Waffen gegen mich hervorholt, schon mal ausprobiert, ob sie auch gegen mich einsetzbar sind,

¹⁴ dann richten sie eigentlich schon ihre Waffen gegen sich selber und bringen sich selber um.

¹⁵ Denn das Gesindel hat nur Böses im Sinn, sie gehen mit Tücke, Unheil, übler Nachrede und Verleumdung geradezu schwanger.

¹⁶ Diese bösen Menschen graben für mich ein Loch und schaufeln es tief aus, aber ich weiß, daß sie mit deiner Hilfe selber in die Grube hinabstürzen.

¹⁷ Die Boshaftigkeit fällt auf den Bösewicht wieder zurück, und alle seine Untaten bekommt er selbst wieder auf seinen Schädel geschlagen.

[18] Lieber Gott, ich verdanke dir diese hoffentlich richtige Meinung. Ich hoffe, daß du gerecht bist und alles so ist, wie ich es gesagt habe. Ich will dir dafür auch ein Leben lang dankbar sein.

Psalm 8

Schöpfer und Geschöpf in Harmonie

[für den Chormeister: Nach einem
Kelterlied. Ein Psalm Davids]

² *L*ieber Gott, dein Name gilt viel auf
dieser ganzen Welt, und sogar über den
Himmel ist er ausgebreitet als Zeichen deiner
Macht.

³ Kleine Kinder und Säuglinge loben dich, und du
magst dies, obwohl deine Feinde darüber lachen.
Aber sie müssen ihr Lästermaul letztlich halten.

⁴ Ich kann den Himmel, den Mond und die Sterne
sehen und weiß, daß sie von dir sind.

⁵ Was sind wir dagegen für kleine, vergängliche
Wesen, wir Menschenkinder, und du sorgst dich sogar noch um jeden einzelnen!

⁶ Du hast den Menschen in seiner Hinfälligkeit
fast so groß gemacht wie dich selber, du hast ihm
Würde und Menschenrechte gegeben.

⁷ Du hast ihn sogar beauftragt, mit deiner Schöpfung gut umzugehen und hast sie ihm anvertraut:

⁸ All die Tiere auf der Erde, im Wasser und in der
Luft, die Schafe, Ziegen, Rinder, die wilden Tiere,

⁹ die Vögel und die Fische, alles was lebt und sich bewegt.

¹⁰ Lieber Gott, das Wissen um dich ist das Größte auf dieser Erde!

Psalm 9

Der liebe Gott hilft den Armen

[für den Chormeister
nach einer Weise von David]

² 𝓛ieber Gott, Dankeschön daß ich all dies auf der Welt und im Himmel sehen kann, was von dir stammt.

³ Ich freue mich einfach darüber im Tiefsten meines Herzens, ich grüße dich und winke dir zu und bin dir dankbar.

⁴ Das böse Gesindel, das mich so sehr in die Enge gedrängt hat, hat sich verzogen.

⁵ Du hast sie Gott sei Dank zurückgedrängt und mir geholfen. Du hast dich einmal mehr als mächtiger Gott gezeigt.

⁶ Du hast der Bosheit einmal mehr ihre Grenzen gezeigt und ihnen aufs Maul geschlagen.

⁷ Die ewige Bosheit meiner Umgebung ist zu Ende, du hast ihnen selbst jetzt ihre Macht genommen, und ihre vermeintlich hohe Position ist ganz klein geworden.

⁸ Lieber Gott, aber du bist immer der Gleiche und alle Welt weiß, daß du noch die Kraft hast, zu richten und Gerechtigkeit zu vollziehen.

⁹ Du richtest alles auf dieser Welt und deine Meinung ist für jedermann bindend.

¹⁰ Lieber Gott, du bist für die Unterdrückten eine letzte Zufluchtsstätte in auswegloser Situation.

¹¹ Ich vertraue dir, weil ich das Glück habe, dich zu kennen. Und ich weiß, daß jemand, der dich sucht, von dir nie verlassen wird.

¹² Wir sollten froh sein und allen Menschen das alles weitererzählen.

¹³ Der liebe Gott sorgt dafür, daß alles sich auf der Erde rächt, und er vergißt nicht, wenn die ärmsten der Armen zu ihm rufen.

¹⁴ Lieber Gott, das Gesindel um mich herum haßt mich ohne Ende. Ich bin am Ende, an dem meines Lebens,

¹⁵ und wenn du willst, daß ich weiter über dich spreche und deine Gerechtigkeit lobe, dann hol mich von hier weg.

¹⁶ Ganze Völker haben sich gegenseitig ausgelöscht und sich ihr Ende selbst bereitet. Ihre großartigen Waffensysteme haben beide, Angreifer wie Verteidiger, vernichtet.

¹⁷ Dann bist du aufgestanden, lieber Gott, und hast gesagt: Ich lebe noch und ich bin größer als ihr und ich richte euch, nicht ihr mich. Das Gesindel und das Pack haben sich selbst totgeschlagen.

¹⁸ Die gesamte Boshaftigkeit auf dieser Welt und alle Gottesspötter werden untergehen.

¹⁹ Nicht so der arme Mensch, der Elende, dessen Hoffnung nicht verloren ist und den du, lieber Gott, nicht vergessen wirst.

²⁰ Lieber Gott, steh auf und sorge dafür, daß nicht der böse Menschenwitz allein das Sagen hat, sondern daß es größere Gesetze gibt, nämlich die deinigen, von denen alle letztendlich gerichtet werden.

²¹ Erschrecke sie einfach wie durch ein Erdbeben, lieber Gott, denn nur so erkennen sie, daß sie nur zerbrechliche Menschen sind.

Psalm **10**
Zuversicht gegen Gewalt

¹ *L*ieber Gott, warum bist du so weit weg, und warum bist du gerade jetzt in Zeiten allergrößter Not nicht erfahrbar?

² Das boshafte Gesindel quält die Mitmenschen aus Gewohnheit und mit vollster Absicht. Ihre Boshaftigkeit soll ihnen im Rachen steckenbleiben.

³ Der böse Mensch stiehlt, verleumdet und verachtet jedermann, auch dich, Gott.

⁴ Im übrigen tönt das Gesindel: ‚Der liebe Gott kann nicht strafen, da es ihn nicht gibt!‘ Das ist die Meinung der Boshaftigkeit.

⁵ Eigenartigerweise hat er in allem Glück zu jeder Zeit. Er meint, daß das göttliche Gericht etwas aus einer unwirklichen Welt ist. Und jeder, der anders denkt, wird von der Boshaftigkeit verfolgt.

⁶ Das böse Gesindel sagt sich täglich: ‚Ich stolpere nie, und wenn wir klug sind, dann trifft mich und meine Nachkommen nie ein Unglück!‘

⁷ Wenn das böse Gesindel seinen Mund aufmacht ist es voll Haß und Anstiftung zur Gewalt. Er will den Mitmenschen zeit seines Lebens verletzen und vernichten.

8 Täglich liegt dieser boshafte Mensch auf der Lauer und späht seine Mitmenschen aus, um sie irgendwo zu belasten, zu kränken und tödlich zu treffen.

9 Die Boshaftigkeit lauert hinter jeder Ecke und hinter jedem Strauch. Sie fängt den meist naiven Guten irgendwann einmal doch, da dieser unvorsichtig und meist weniger verschlagen ist als das üble Pack.

10 Die Boshaftigkeit macht sich klein und duckt sich, aber im geeigneten Augenblick steht sie mächtiger auf als man es erwartet.

11 Außerdem denkt er sich: ‚Der liebe Gott hat keine Ahnung, außerdem hat er ein schlechtes Gedächtnis, und im übrigen ist er so sehr verborgen, daß es ihn gar nicht gibt!‘

12 Lieber Gott, steh auf, mach dich bemerkbar, fahr mit eiserner Faust diesem Gesindel über den Mund.

13 Sag mir, lieber Gott, warum darf das Gesindel ungeschützt und sorglos sagen: ‚Es gibt dich nicht, also kannst du auch nicht strafen!‘

14 Lieber Gott, du siehst es was geschieht und du weißt vom Unglück und vom Elend der Menschen, die nichts getan haben. Der Elende und Schwache vertraut auf dich, und du sollst den Haltlosen ein fester Halt sein.

¹⁵ Fall den Boshaften endlich in den Arm und zernichte das Gesindel, daß von ihm nicht einmal mehr Staub übrigbleibt.

¹⁶ Wir möchten gerne sehen, daß du, lieber Gott, in diesem Lande noch etwas giltst und die, die gegen dich arbeiten oder dich verachten, auf keinen grünen Zweig kommen.

¹⁷ Du allein kannst den Armen eine Perspektive geben, du kannst ihren Kampf unterstützen, sie motivieren und kannst ihnen auch Gehör verschaffen:

¹⁸ Du allein kannst den Entwurzelten und Bedrückten das Leben lebenswert erscheinen lassen. Die Boshaftigkeit soll im Land nie mehr die Oberhand gewinnen und zur Selbstverständlichkeit werden.

Psalm 11

Der liebe Gott schaut auf die Menschen

[für den Chormeister von David]

1 Ich flüchte mich zum lieben Gott, keine vergebliche und sinnlose Flucht! Man rät mir aber, mich möglichst zu verbergen und unsichtbar zu machen.

2 Das Gesindel hat mich schon im Visier. Sie legen auf mich an, um mich zu jeder Tages- und Nachtzeit zu treffen.

3 Wenn alles hinstürzt, was kann denn ich dagegen noch tun?

4 Du, lieber Gott, bist in deinem großen Himmel und sitzest auf deinem Thron. Du schaust zu uns herab und prüfst die Menschen in ihren Herzen.

5 Du, lieber Gott, prüfst anständige und üble Figuren, den, der Gewalt gegen andere ausübt, den hassest du.

6 Lieber Gott, laß doch auf das Gesindel einfach Feuer und Schwefel regnen und blas sie dann doch mit heißer Luft einfach weg.

7 Du, lieber Gott, kannst Gerechtigkeit ausüben, weil du auch Gerechtigkeit liebst. Und deswegen darf ich dir in die Augen schauen.

Psalm 12

Gott der immer Gleiche und die Wankelmütigkeit des Menschen

[für den Chormeister: Ein Psalm Davids]

² $\mathcal{L}$ieber Gott, hilf uns doch, es scheint unter den Menschen nur noch wenige Gute zu geben, und die werden immer schwächer.

³ Die Menschen lügen, sie hintergehen sich, und mit ihren Mündern sprechen sie etwas anderes als mit ihrem Herzen.

⁴ Du, lieber Gott, reiß diese falschen Zungen heraus, die nur Falsches reden.

⁵ Das Gesindel sagt: ‚Durch unsere Sprache können wir alles erreichen, unsere Argumentationen sind unsere Stärke. Wer soll uns denn überlegen sein?‘

⁶ Die Armen unter den Menschen werden noch mehr bedrückt und es bleibt ihnen nur noch, zu seufzen. Deshalb sollst du, lieber Gott, sprechen: ‚Jetzt reicht es, jetzt sorge ich für Ordnung!‘

⁷ Solche Sätze von dir, Gott, sind wichtig und entscheidend wie glänzendes Silber, frei von Patina und Schlacken.

8 Du allein, lieber Gott, hilfst uns damit und verteidigst uns gegen dieses Gesindel,

9 auch wenn dieses freche Volk sich ungestraft überall ausbreitet und seine Gemeinheiten in jeden Winkel dieser Welt hineinträgt.

Psalm 13

Hilfe in großer Not

[für den Chormeister. Ein Psalm Davids]

² *L*ieber Gott, wie lange brauchst du noch, bis ich deine Hilfe sehe, und wie lange bist du für mich einfach unsichtbar?

³ Wann hören endlich meine Schmerzen auf, die leiblichen wie die geistigen, die ich jeden Tag zu ertragen habe? Sag mir, wie lange darf das üble Gesindel ungestraft mich bedrängen?

⁴ Schau doch einfach auf mich und höre mir zu, lieber Gott, gib mir doch ein wenig Mut, daß ich nicht alles aufgebe,

⁵ denn das Gesindel soll nicht sagen können: Wir haben ihn endgültig bezwungen, und es wäre nicht schön, wenn sie noch jubilieren könnten, daß sie mich endgültig erledigt haben.

⁶ Ich baue auf deine Zusage, mir zu helfen, und mein Inneres ist froh darüber, ich bin froh und zuversichtlich, weil du, lieber Gott, mir das versprochen hast.

Psalm 14

Gott steht zu den Anständigen

[von David ein Psalm, vorzusingen]

1 Idioten sagen zu sich selbst:
,Gott gibt's ja gar nicht.'
Sie irren sich, und ihr Urteil ist Dummheit. Das was sie tun und sagen ist idiotisch, kein einziger von ihnen tut etwas Gutes.

2 Der liebe Gott schaut von oben herab auf uns Menschen, um zu wissen, ob jemand wenigstens so gescheit ist, daß er nach ihm fragt.

3 Aber keiner hat dies getan, und alle zusammen sind eigentlich verloren; nicht einer, aber auch nicht einer tut hier Gutes.

4 Will denn das keiner von allen Idioten begreifen, Menschen, die nichts anderes tun als ihr Gegenüber aufzufressen und sich von ihrem Elend nähren, aber niemals nach dir, lieber Gott, fragen?

5 Irgendwann einmal werden sie wohl sehr erschrecken, denn du, lieber Gott, stehst letztlich doch hinter den Anständigen.

6 Der ungerechte Kampf gegen die Armen und ärmsten der Armen kann nie zum Ziel führen, denn der liebe Gott steht auf deren Seite, zumindest meine ich das.

⁷ Ach wenn es nur so wäre, daß Gott zu uns käme und uns lösen würde aus der Qual der Fremdbestimmung. Dann würden wir fröhlich sein und alle uns freuen.

Psalm 15

Die Nähe des lieben Gottes

[ein Psalm Davids]

¹ $\mathcal{L}$ieber Gott, wer darf denn eigentlich bei dir dauernd sein? Wer darf wirklich sich bei dir zu Hause fühlen in deiner Nähe?

² Die Antwort ist, wer untadlig lebt und das macht, was recht ist. Der, der die Wahrheit redet aus tiefstem Herzen

³ und mit erfundenen Intrigantenargumenten niemand anderen verleumdet, wer seinem Nachbarn nichts Böses wünscht und ihn auch nicht direkt oder indirekt schmäht,

⁴ wer mit bösem Gesindel keine Freundschaft schließt, aber mit den Armen, Gottesfürchtigen schon, und der, der seinen Eid hält, selbst wenn er ihm Schaden zufügen könnte;

⁵ wer sein privates Vermögen nicht auf möglichst hohe Zinsen ausleiht und damit schuldig wird und nicht sich bestechen läßt, um noch Ärmere ins Elend zu stoßen. Wer das tut, wohnt bei dir, lieber Gott, und ist von dir nicht zu trennen und er steht auf festem Fundament.

Psalm 16

Die Zukunft zusammen
mit dem lieben Gott

[eine Kostbarkeit Davids]

 ¹ Paß auf mich auf, lieber Gott, denn ich paß auch auf dich auf.

² Ich hab dir doch gesagt: Du bist doch mein Herr, ich weiß von nichts anderem als davon, ganz auf dich zu setzen!

³ An allem Guten, Wahren und Schönen was es auf der Erde gibt und an deiner schöpferischen Herrlichkeit habe ich mein ganzes Gefallen.

⁴ Alle jene, die anderem nachlaufen, werden entsetzlich zu leiden haben, später! Ich will nicht mit ihnen gemein werden und sie schon gar nicht zu irgendeiner Verteidigung heranziehen.

⁵ Lieber Gott, du bist mein Alles; du bist sogar das einzige, was ich später nach meinem Tod erben kann, wenn ich auf dieser Erde alles zurücklasse.

⁶ Ich habe Glück gehabt und habe dich kennenlernen dürfen, und dieses Wissen ist mir unauslöschlich geworden.

⁷ Ich dank dir, lieber Gott, weil du mir das alles

mitgeteilt hast; du bist sogar mein Trost, wenn ich nachts vor Schreck und Angst aufwache.

⁸ Ich habe dich und deine Verheißung alle Zeit vor meinen Augen und in meinem Herzen, und wenn du mir weiterhilfst, so kann ich auch weiterbestehen.

⁹ Nur deshalb bin ich innerlich zufrieden, und mein ganzes Herz ist fröhlich, und mein welker Körper ist nicht mehr so wichtig.

¹⁰ Denn du läßt mich nicht im Grab verrotten und läßt es schon gar nicht zu, daß ich namenlos in einem Erdloch verschwinde.

¹¹ Du hast mir gezeigt, daß ich weiterleben werde,

¹² von dir habe ich eigentlich den Urgrund aller Freude, und ich habe nur ein Ziel, dich nach diesem elenden Leben zu sehen und zu erleben.

Psalm 17

Ausweg im Elend

[ein Psalm Davids]

¹ *L*ieber Gott, hör auf mich, ich habe recht, hör auf mein Rufen, reagiere endlich auf mein Schreien, und das ist keine Lüge, und ich sag dir nichts Falsches.

² Bitte unterstütze mich in meinem Elend, denn du siehst hinter alle Dinge.

³ Du siehst in mein Herz hinein, tagsüber und sogar des Nachts, und du kannst suchen was du willst und findest nichts Böses darin! Ich hab mir vorgenommen, nie etwas gegen dich zu sagen.

⁴ Vor allem, was die Menschen in ihrer Dummheit und Unüberlegtheit tun, halte ich mich durch dein Wort zurück

⁵ Paß doch auf, daß ich auf dem Weg, den du mir vorgezeichnet hast, nicht hinfalle.

⁶ Ich ruf zu dir und ich bin sicher, lieber Gott, daß du auf mich hören wirst, denn du mußt meine Rede hören!

⁷ Zeig doch einfach deine Güte, daß die, die dir vertrauen, nicht untergehen, und zwar später wie

jetzt nicht, und wenn sie noch so sehr uns mit der nackten Faust drohen!

⁸ Paß doch auf mich auf wie auf dein eigenes Auge, lieber Gott, nimm mich einfach an der Hand und schau, daß mir nichts zustößt.

⁹ Paß auf, daß ich nicht unter das Gesindel falle, das mir nur Böses tun will, und hüte mich vor den Leuten, die mir von allen Seiten nach meiner Existenz trachten.

¹⁰ Sie haben kein Herz und nur einen eiskalten Intellekt, und der ist arrogant und böse.

¹¹ Wo ich auch hinlaufe, da sind sie schon; kaum haben sie mich gesehen, gehen sie mit aller Macht auf mich los,

¹² fast wie ein wildes Tier, das hungrig auf irgendeine Beute lechzt wie ein versteckter Löwe, der nur auf die Unvorsichtigkeit seines Beutetieres wartet.

¹³ Lieber Gott, steh auf, tritt diesem Löwen auf die Pfoten und schlage ihn mit harter Hand! Bitte bewahre mich doch vor diesem Gesindel mit deiner Macht und deiner Weisheit.

¹⁴ Bewahr mich vor den Leuten, lieber Gott, mit deiner Macht, die nur auf dieser Welt ihre ganze Bosheit ausleben wollen und alles Jenseitige leugnen. Sie haben dieses Leben bis zur Neige ausgekostet, sie sind satt und fett vom Fressen der Bosheit, und sogar

ihre Kinder werden von den Resten dieser Beute von gerechten Menschen, die sie zerrissen haben, auch noch satt.

¹⁵ Ich habe nur eines im Sinn: Dich zu sehen, lieber Gott, und ich will nur satt werden von dir und von deiner Herrlichkeit.

Psalm 18

Rettung

[von David, dem Diener Gottes, der ihm dieses Lied
widmete zum Dank dafür, daß er ihn
von seinen Feinden und von seinem
Widersacher Saul errettet hat]

² Er sprach: Herzlich liebe ich dich, lieber Gott, meine Hilfe!

³ Du, mein fester Untergrund, zu dem ich fliehen kann und der mir hilft; lieber Gott, du, der einzige auf den ich vertraue, mein Helfer in allen Lebenslagen und meine allerletzte Sicherheit!

⁴ Ich ruf dich an, lieber Gott, und du wirst mich nicht allein stehen lassen.

⁵ Es ging mir entsetzlich schlecht, und das Wasser stand mir wie einem Ertrinkenden bis zum Mund.

⁶ Ich war am Ende, und der Tod würgte mich bereits.

⁷ Als ich entsetzliche Todesangst hatte, habe ich zu dir, lieber Gott, gerufen: Hilf mir doch! Da kam wirklich Antwort aus deiner Welt, und mir schien, als ob mein Rufen Sinn hatte.

⁸ Die ganze Erde wankte und zitterte, die Berge schienen sich zu bewegen, weil du böse auf das Gesindel warst,

⁹ und du schienst mir auszusehen wie ein Rachegott, umgeben von Rauch und Feuer.

¹⁰ Der Himmel schien zu bersten als du herabkamst in mein elendes Dunkel,

¹¹ und mir schien, als ob du mit Flügeln daherkamst wie in einem Sturm.

¹² Alles war dunkel ringsumher, und in undurchdringlichem Schwarz, in dem ich nicht sehen konnte, warst du fühlbar da.

¹³ Und dann glänzest du, umgeben mit Hagel und Blitz.

¹⁴ Du donnertest vom Himmel herunter, und ich hörte deine Stimme wie wenn Hagel fällt und die Blitze herunterzucken.

¹⁵ Du hast entsetzlich deine Blitze in die Menge gejagt und ihnen Angst gemacht.

¹⁶ Plötzlich sah man auf den Meeresgrund und was im tiefen Erdreich verborgen war, weil du, lieber Gott, es dem hochmütigen Gesindel gezeigt hast. Du hast recht getan.

¹⁷ Du hast deine Hand genommen und mich aus dem Elend herausgezogen.

¹⁸ Du hast mich weggenommen vom zahlreichen

Gesindel, von denen, die mich haßten und die allmächtig schienen.

¹⁹ Sie haben mich bereits in das unterste Elend gestoßen, aber du, lieber Gott, hast mir Hoffnung gemacht.

²⁰ Aus diesem Elend hast du mich wieder ins Weite geführt, du hast mich herausgeholt aus dieser Enge, weil du's wolltest.

²¹ Lieber Gott, du hast mir soviel Gutes getan und nur deswegen, weil ich keine schwere Schuld auf mich geladen habe.

²² Ich bin wirklich nicht von deinen Gesetzen abgewichen und habe versucht, ein guter Mensch zu sein.

²³ Ich habe verstanden, daß ich in dieser Welt mich menschlich aufzuführen habe und habe diesen deinen Wunsch nicht vergessen.

²⁴ Ich versuche jeden Tag freundlich und anständig dieses Leben auf der Welt zu meistern.

²⁵ Das ist der Grund, warum du, lieber Gott, mich am Leben läßt.

²⁶ Die Anständigen sind dir viel wert, und du bist treu gegen die, die anderen gegenüber auch treu sind.

²⁷ Mit den Einfachen gehst du auch einfach um, und gegen die Boshaften bist du auch boshaft.

²⁸ Du bist ein Anwalt für alles Elend, aber stolze Ankläger demütigst du.

²⁹ Du, lieber Gott, bist wie ein Licht in dunkelster Finsternis, mein Licht.

³⁰ Denn du kannst das uniformierte Mördergesindel zerschlagen, und ich kann vor diesen sogar durch Mauern gehen.

³¹ Du bist eben vollkommen, wie deine Worte und deine Gesetze auch, und all das schützt mich, wenn ich dir vertraue.

³² Denn wen gibt's noch außer dir, du, das einzige feste Fundament?

³³ Du gibst mir die Kraft, meinen Weg zu gehen, wer denn sonst?

³⁴ Du läßt mich laufen und rennen wie ein Hirsch auf einer großen Wiese.

³⁵ Du gibst mir sogar Kraft, mich gegen das Gesindel entschieden zu wehren.

³⁶ Du gibst mir Zuversicht und Vertrauen auf dich stärkt mich ganz entscheidend, und mit dir, lieber Gott, im Rücken fühl ich mich stark.

³⁷ Mit dir kann ich sogar gefahrlos gehen, ohne Angst haben zu müssen, schwer hinzufallen.

³⁸ Du gibst mir sogar Kraft, die Furcht ins Gegenteil zu verkehren und mutig gegen meine Feinde vorzugehen. Ich will zurückschlagen, mit deiner Billigung!

³⁹ Ich treff sie selber, daß sie sich nicht mehr erheben, und im übrigen trete ich sie, daß sie es spüren!

⁴⁰ Du, lieber Gott, gibst mir sogar die Kraft und die Kampfeslust, um mich gegen dauerndes Unrecht zu wehren.

⁴¹ Du hilfst mir, das Gesindel zurückzudrängen und ihnen sogar mit eigenen Waffen zurückzugeben, was sie mir an Haß entgegengebracht haben.

⁴² Jetzt fangen sie an, nach Hilfe bei dir zu rufen, aber dann hörst du es Gott sei Dank nicht.

⁴³ Jetzt bin daran, den menschlichen Dreck wegzukehren und sie auf die Müllhalde zu werfen!

⁴⁴ Jetzt bist du dabei, mir zu helfen und machst mich sogar zum Sieger dieser Auseinandersetzungen.

⁴⁵ Jetzt ist es umgekehrt, und das Gesindel muß mir zuhören und mir sogar Reverenz erweisen.

⁴⁶ Sogar die Kinder der Bösartigen müssen jetzt zu mir kommen und sich sehr klein und unbedeutend machen.

⁴⁷ Du, lieber Gott, du lebst, Gott sei Dank! Du hast dich bemerkbar gemacht, danke!

⁴⁸ Du, lieber Gott, der mir geholfen hat, du drückst jetzt sogar meine ehemaligen Feinde unter meine Macht!

49 Du hast mich errettet vor all diesem Geschmeiß, und jetzt hast du mir sogar die Freude gegeben, daß diese ihren halsstarrigen Kopf auch vor mir beugen müssen.

50 Darum sag ich dir Dank, lieber Gott, und werde nicht aufhören, unter allen Menschen zu verkünden, wer du bist und werde sagen, daß du es bist, der mich wieder aufgerichtet hat und mir die Menschenwürde zurückgab.

Psalm 19

Die Herrlichkeit des lieben Gottes

[ein Psalm Davids, der vorzusingen ist]

² Die Himmel erzählen von deinem Tun, lieber Gott, und alles, was anzuschauen ist, geht auf deine Taten zurück.

³ Ein Tag sagt es dem anderen, und eine Nacht erzählt es der nächsten,

⁴ und dabei brauchen sie weder Sprache noch Worte, weil ihre Stimme unhörbar und doch unüberhörbar ist.

⁵ Diese Stimme geht hinaus in die ganze Welt und man hört sie reden bis an die Grenzen allen sichtbaren Seins. Du hast die Sonne am Himmel gemacht,

⁶ die kommt morgens heraus wie ein fröhlicher Mensch, der in aller Frühe den Himmel erblickt, und dann läuft sie ihre Bahn nach alten Gesetzen, die du gegeben hast.

⁷ Sie geht auf an einem Ende des Himmels und läuft wieder bis ans andere Ende, und an diesem Licht haben wir unser ganzes Leben und unsere Wärme.

⁸ Deine Gesetzmäßigkeiten, die du uns gegeben hast, lieber Gott, sind offensichtlich sinnvoll. Sie er-

füllen mich mit Freude. Deine Naturgesetze machen sogar dumme atheistische Naturwissenschaftler nachdenklich.

⁹ Sie meinen aber unabhängig von dir, daß sie die Gesetzmäßigkeiten als gut ansehen und fühlen sich damit gut. Deine Gesetzmäßigkeiten, lieber Gott, sind aber aus deiner Hand und sie machen froh, nicht nur gescheit.

¹⁰ Respekt vor deinen Gesetzen zu haben ist die Voraussetzung allen Erkennens, und das bleibt immer so, denn alles was du tust ist wahr und gerecht.

¹¹ Deine Gesetzmäßigkeiten sind herrlicher und kostbarer als Gold und sie sind süßer als Honig.

¹² Sie geben mir inneren und äußerlichen Halt, und deshalb habe ich auch einen großen Nutzen davon.

¹³ Wer kann denn von uns überhaupt sagen, ob er Fehler macht oder nicht? Lieber Gott, verzeih mir, daß ich nicht einmal das richtig verstehe!

¹⁴ Hilf mir, dem kleinsten unter allen, daß nicht das stolze atheistische Gesindel über mich Macht ausübt und daß ich weiterhin unschuldig bleiben kann, rein von ganz großer Schuld.

¹⁵ Bitte höre darauf was ich dir sage, denn es kommt aus dem Herzen, lieber Gott, du mein fester Urgrund, auf den ich so sehr vertraue.

Psalm 20
Wünsche für ein gutes Leben

[ein Psalm Davids, der vorzusingen ist]

² Der liebe Gott soll dich in der Not hören, und sein Name soll dir Trost und Hilfe geben!

³ Er soll dir Hilfe aus der Ewigkeit her senden und dich hier trösten!

⁴ Er soll an das denken, was du ihm gegenüber schon an Opfer gebracht hast, was du leiden mußtest, weil du dich zu Gott bekannt hast!

⁵ Er soll dir das geben, was du dir im Herzen wünschest und vorhast!

⁶ Dann bin ich's auch froh, wenn er dir hilft, dann geht's uns beiden im Namen Gottes wieder besser, wir können aufstehen, wir haben erneut Mut, und so hoffe ich, daß der liebe Gott dir deine Bitten gewährt!

⁷ Ich weiß nämlich, daß er all das, was er versprochen hat, auch in Wirklichkeit hält, er hat die Macht dazu und übt sie nach seinem Gutdünken aus, nicht nach dem unsrigen.

⁸ Die meisten Menschen verlassen sich auf Macht,

Technik, Geld und Gewalt: wir denken aber nur daran, daß der liebe Gott größer ist als all das!

⁹ Auf einmal ist alles nichts mehr wert bei diesen Menschen, weder Gold noch Macht noch Gewalt noch ihr eitles Ansehen gelten noch etwas, und alles fällt in sich zusammen, nur wir, wir stehen fest auf dem Grund des Wortes, das du uns gegeben hast.

¹⁰ Also, enttäusche uns nicht, lieber Gott.

Wir verlassen uns darauf, daß du uns hilfst, wenn wir in letzter Not rufen.

Psalm **21**

Herzlichen Dank für die Rettung

[ein Psalm Davids, der vorzusingen ist]

² $\mathcal{L}$ieber Gott, wir freuen uns über deine Allmacht und sind fröhlich über deine Hilfe!

³ Du erfüllst mir den Wunsch meines innersten Herzens und verweigerst es nicht, was ich dich bitte.

⁴ Du überschüttest mich mit Wohltaten und gibst mir eine große Würde und Respekt vor anderen.

⁵ Ich bitte dich um ein menschenwürdiges Leben, und du gibst es mir, nach deinen Worten sogar für immer und ewig.

⁶ Du gibst mir sogar Reichtum durch deine Hilfe, einer der nicht in einer Krise wertlos wird.

⁷ Du gibst uns das ewig, also nicht irdisch und erfreust uns damit, auch nicht nur hier und jetzt, sondern in Ewigkeit! Für immer!

⁸ Denn der, der auf den Herrn hofft, der bleibt auch in seiner Güte für ewige Zeiten.

⁹ Lieber Gott, du findest sogar alle meine Feinde und die, die mich und damit auch dich hassen.

¹⁰ Du hast gesagt, daß du es mit ihnen machen wirst wie mit einem Feuerofen, du wirfst sie dort hinein und sie werden zu Asche. Auch du verlierst bei denen die Geduld.

¹¹ Und sogar die Kinder und Kindeskinder dieses Gesindels willst du auslöschen.

¹² Auch sie haben wie ihre Eltern nichts anderes im Sinn, dir Böses anzutun und damit auch mir, und sie verleumdeten und bezeugten Falsches und überschütteten mich mit Anklagen, freilich ohne Erfolg.

¹³ Denn du wirst ihnen mit Macht in ihr freches Gesicht schlagen, und wenn sie sich auch wegducken möchten.

¹⁴ Herr, mach's genau so, wie du es uns versprochen hast, dann bleibe ich gerne und geduldig in meinem schweren Leben zurück.

Psalm 22
Hilf, lieber Gott

[ein Psalm Davids, vorzusingen,
nach der Weise ‚Die Hirschkuh,
die früh gejagt wurde']

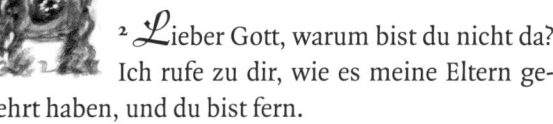

2 *L*ieber Gott, warum bist du nicht da? Ich rufe zu dir, wie es meine Eltern gelehrt haben, und du bist fern.

3 Lieber Gott, tagsüber ruf ich – keine Antwort. Nachts schreie ich – nichts!

4 Und trotzdem bist du der liebe Gott und stehst über allem, wenn ich dich auch nicht verstehe.

5 Meine Eltern und Großeltern hofften auf dich und, wie es scheint, sind sie in ihrer Hoffnung nicht betrogen worden.

6 Wie ich schrieen sie auch zu dir und wurden errettet, sie hofften auf dich, waren getröstet und starben.

7 Ich bin ein Wurm, der sich vor Schmerzen krümmt, und kein rechter Mensch mehr, ich bin der Spott der Leute und verachtet von jedem.

8 Jeder der mich sieht grinst nur noch, jeder tuschelt und schüttelt bedeutend den Kopf:

⁹ ‚Soll er doch beim lieben Gott nachfragen, der soll ihm helfen, der soll ihm auch helfen, wenn er es verdient hat.'

¹⁰ Du warst es doch, der mich aus meiner Mutter geboren hat,
du gabst mir doch an der Brust der Mutter die erste Geborgenheit auf dieser Welt.

¹¹ Vom ersten Dasein hänge ich an dir, du bist doch Gott, meiner, vom ersten Moment meines Lebens an.

¹² Sei doch nicht fern von mir, denn ich habe große Angst und sehe nirgendwo jemanden, der mir hilft.

¹³ Angstmachende Figuren haben mich umgeben und furchtbare Gesichter dringen auf mich ein.

¹⁴ Teuflische Fratzen sperren ihr Maul gegen mich auf wie angstmachende Geister.

¹⁵ Ich fühle mich wie Abwasser, und es gibt kein Gelenk in meinem Körper, das nicht schmerzt. Mein Inneres ist abgebrannt wie eine zerschmolzene Kerze.

¹⁶ Du hast mir meine Kräfte genommen und ich fühle mich zerbrochen, meine Zunge kann nicht mehr artikulieren und die einzige Perspektive ist der Tod.

¹⁷ Böse Geister haben mich umgeben und anderes angstmachende Elend, sie haben mir Hände und Füße gelähmt. Überall habe ich Metastasen mit höl-

lischen Schmerzen, und das böse Gesindel um mich herum schaut mit Vergnügen zu wie ich leide.

¹⁹ Mein bißchen Eigentum haben sie längst aufgeteilt, und auch über das letzte, was übrigbleibt, ist bereits die Erbfolge bestimmt.

²⁰ Aber du, lieber Gott, sei doch nicht so weit weg; du meine einzige stärkende Hoffnung, komm und hilf mir!

²¹ Rette doch wenigstens meinen Geist und mein Leben vor diesem Gesindel.

²² Hilf mir doch vor all dieser Angst und den furchtbaren Figuren, die mich bedrängen. Du hörst mich!

²³ Dafür will ich gerne über dich bei meinen Brüdern erzählen und dich überall als meinen Retter verkünden.

²⁴ Erzähl doch überall, die ihr den lieben Gott mögt, was er alles Gutes für uns getan hat und habt Achtung vor ihm, alle ihr Gläubigen und Ungläubigen!

²⁵ Er verachtet nicht das Elend der Armen und es ist ihm nichts verborgen, den der zu ihm ruft, den hört er, ganz sicher.

²⁶ Das will ich auch vor versammelten Menschen bekennen und will das tun, was ich mir immer vorgenommen habe zu tun, nämlich Gutes.

²⁷ Das ganze hungernde Elend auf diese Welt soll satt werden, und die nach dem lieben Gott fragen

sollen Antwort bekommen, eine Antwort, die ihnen
ein Leben lang hält.

²⁸ Ich bin sicher, daß alle, die an dich denken und
zu dir umkehren, es gut haben werden ihr Leben
lang, und das betrifft alle Menschen auf dieser Welt.

²⁹ Denn du, lieber Gott, hast diese ganze Welt geschaffen, also regiere sie auch mit Weisheit und Mä-
ßigung, und zwar alle Menschen die leben und lebten.

³⁰ Dich allein, lieber Gott, werden sogar die anbeten, die schon längst in der Erde verstaubt sind, und
die werden zu dir rufen, die längst vermodert sind,
denn keiner ist am Ende des Lebens übriggeblieben.

³¹ Aber Kinder und Enkel sind herangewachsen,
die genauso denken werden wie ich,
so hoffe ich.

³² Und auch sie werden sich an
dich hängen, lieber Gott, werden
zweifeln, hadern und dann getröstet
sein. Denn du hast alles gemacht.

Psalm 23

Von Angst befreit

[ein Psalm Davids]

 **¹** $\mathcal{D}$u, lieber Gott, bist der Urgrund meines Lebens, es fehlt mir nichts.

² Ich darf angstfrei auf dieser schönen Welt leben, ich habe genug, bescheiden mein Dasein zu führen.

³ Du machst mein Inneres froh. Du führst mich, verborgen zwar, aber unübersehbar vom Anfang meines Lebens bis zum Ende.

⁴ Und was macht es, wenn ich im Elend versinke, ich habe keine Angst mehr; denn du stehst jenseits der Angst, und mit einem Wort von dir ist sie wie weggeblasen.

⁵ Du läßt mich leben, wenn auch meine Umgebung mich lieber tot sähe. Du gibst mir die fröhliche Gelassenheit und manchmal sogar überschäumende Freude, das Elend dieser Welt zu meistern.

⁶ Du behandelst mich gut, und so kann ich leben auf dem Weg durch meine so kleinen Lebensmomente, und dann darf ich bleiben bei dir für alle Zeiten.

Psalm 24

Wie komme ich zum lieben Gott?

[ein Psalm Davids]

1 Alles Sichtbare ist von dir, lieber Gott, und auch alles was darauf lebt.

2 Denn du hast uns im Nichts dieses Etwas geschenkt, diese Welt, die unser Leid und Wohl ist.

3 Wer kann dir, lieber Gott, auch nur nahe kommen?

4 Ganz einfach, der der ein kindliches Gemüt hat und Gutes tut, der nicht lügt, betrügt und andere Menschen verleumdet:

5 Der kann sich dir, lieber Gott, nähern und an deiner Welt teilnehmen.

6 Nur die können zu dir kommen, die nach dir fragen und ohne Unterlaß nach dir und deinen Gesetzmäßigkeiten suchen.

7 Öffnet euch doch einfach, ihr Menschen, für diesen unendlichen Geist, der bei euch einziehen kann, wenn ihr's nur wollt!

8 Ihr fragt: Was hat es mit diesem Geist auf sich? Es ist das Bewußtsein, das euch hilft, durch diese Zeit zu kommen, er ist es, der die Angst löst und euch Kraft gibt.

⁹ Seid einfach offen und laßt es euch nicht mehr
eng machen in dieser Welt, daß dieser Geist der Unendlichkeit bei euch Fuß fassen kann!

¹⁰ Ihr fragt erneut, wer ist das, der zu uns
kommt und was ist das?

Es ist die Freude, die Zuversicht, die Sicherheit und die Ruhe, die ihr damit bekommen werdet, um dieses elende Leben auszu-
halten.

Psalm 25
Gnade vor Recht
[von David]

¹ 𝒟ich, lieber Gott, suche ich.

² Auf dich hoffe ich, und zwar ganz allein auf dich, laß mich nicht untergehen und mach mich nicht lächerlich vor allen Menschen, die mir böse wollen!

³ Man sagt, daß keiner untergeht, der auf dich deine Hoffnung setzt, sondern nur der wird zu seinem schlimmen Ende kommen, der über dich spottet und dich verachtet.

⁴ Lieber Gott, zeig mir doch, wohin ich gehen soll und gib mir wenigstens die Richtung, in der ich weiterlaufen soll!

⁵ Gib mir doch einfach Gewißheit und zeig sie mir! Du bist doch der liebe Gott, der sagt, daß er mir hilft, jeden Tag warte ich auf dich, daß du dich zeigst!

⁶ Denke doch du selbst einmal, wie du früher mit unseren Vorfahren trotz Mißtrauen und Haß gütig umgegangen bist, und zwar von Ewigkeit her.

⁷ Es kann doch nicht sein, daß du nur meine Jugendsünden und meine früheren Verfehlungen im

Auge hast. Denk doch eher an mich, so wie du früher gütig an andere gedacht hast. Gott, sei doch einfach nur gütig!

⁸ Man sagt, daß du gut und gütig bist und jedem Irrenden den richtigen Weg zeigst.

⁹ Man sagt, daß du den Elenden begleitest und ein Stück seines Weges mit ihm gehst.

¹⁰ Deine Wege sind, wie man sagt, Güte und Treue, für alle Menschen, besonders für die, die sich an dich halten.

¹¹ Ich habe schlimme Dinge angestellt, lieber Gott, ich bitte sie ungeschehen zu machen, du kannst es!

¹² Wer ist denn der, der dich liebt und vor dir Respekt hat? Er weiß den Weg, auf dem er zu dir kommt.

¹³ Er ist der, der zufrieden lebt und seine Familie mit ihm.

¹⁴ Du lieber Gott bist denen Freund, die auf dich hören und wissen, daß es dich gibt.

¹⁵ Meine Augen suchen dich und vermeinen dich manchmal zu sehen. Du hilfst mir, so glaube ich fest, wenn ich gefallen am Boden liege.

¹⁶ Dreh dich doch endlich einmal zu mir herum und zeig mir deine Größe und Güte, denn ich bin ganz allein und ein elender Dreck geworden.

¹⁷ Das einzige was mit bleibt ist eine entsetzliche Angst. Bitte führe mich aus dieser Not heraus!

¹⁸ Du siehst doch mein Elend, meine Schmerzen und meine entsetzliche Zukunftsangst. Bitte vergib mir die Schuld, die ich hinter so vielem versteckt sehe!

¹⁹ Kannst du nicht verstehen, daß so viele bösartige Menschen gegen mich sind und mich zu Unrecht hassen?

²⁰ Halte wenigstens meine Seele in deiner Hand, wenn der Körper und der Geist schon vergehen werden und rette mich und vernichte mich nicht. Ich traue nur noch auf dich!

²¹ Ich hoffe, daß meine Anständigkeit und mein gutes Herz und vor allen Dingen mein guter Wille mich bewahren vor dem Schlimmsten: Ich warte auf dich!

²² Lieber Gott, löse uns doch alle aus der entsetzlichen Angst und Ungewißheit!

Psalm 26

In Gottes Nähe

[von David]

¹ *L*aßt mich in Ruhe, ich bin nicht schuldig! Lieber Gott, ich hoffe auf dich und deswegen: Laßt mich alle in Ruhe!

² Schau doch in mein elendes Leben, lieber Gott, und prüf es, prüfe alles, sogar die Funktion meiner Nieren und meines Herzens!

³ Immer war mir deine Güte vor Augen und deine Wahrheit war mir ein Vorbild, zu Unrecht?

⁴ Ich sitze nicht bei üblem Gesindel herum und verbringe nicht meine Zeit mit leerem Gewäsch.

⁵ Ich hasse es, zwischen den Spöttern und Ganoven zu sitzen und gehe nicht zu Versammlungen von Gottesleugnern.

⁶ Ich wasche meine Hände in Unschuld, nicht wie Pilatus, und halte mich ein ganzes Leben lang an dich und deinen Willen.

⁷ Ich dank dir dafür und erzähle meiner Umgebung, daß es mir dabei gut geht.

⁸ Ich bin so gerne in deinem Gotteshaus oder dort, wo man an dich denkt.

⁹ Bitte wirf mich doch nicht zusammen mit dem gottlosen Gesindel und mit den gewalttätigen Figuren gemeinsam auf den Abfallhaufen der Geschichte,

¹⁰ zusammen mit denen, denen keine Boshaftigkeit zuviel war und deren Gott Geld, Bestechung und falsches Zeugnis sind.

¹¹ Ich möchte nicht so werden wie die, also hilf mir auch und kümmere dich um mich!

¹² Ich stehe hier und kann nicht anders, lieber Gott. Ich lobe dich für alles was du tust, aber denk auch an mich!

Psalm 27
Geborgenheit

[von David]

¹ Du, lieber Gott, bist die einzige leuchtende Hilfe für mich, an wen sollte ich mich denn sonst halten! Du, Gott, bist die Kraft die in mir steckt, warum soll ich in Angst regungslos erstarren?

² Wenn all das böse Gesindel über mich herfällt, um mich zu zernichten, meine bösartigen Widersacher mich zugrunde richten wollen, dann schau, daß sie selber stolpern und auf ihre Fressen fallen.

³ Und wenn sich eine ganze große Schar von Feinden gegen mich verbündet, so bin ich noch lange nicht im Herzen verzagt; und wenn sie sogar Krieg gegen mich planen mit dem Ziel, mich zu vernichten, dann bleibt mir nur die Hoffnung und die Zuversicht auf dich!

⁴ Eines hätt ich gerne von dir, lieber Gott, sehr gerne sogar: Daß ich bei dir bleiben könnte ein ganzes Leben lang, um dich zu sehen, was und wie du es tust und dich als meinen Urgrund ewig zu betrachten.

⁵ Bei dir in deiner Nähe könnte ich die böse Zeit überstehen, du nimmst mich in deinen Schutz und stellst mich auf einen festen Ort, ohne daß ich umfalle.

⁶ Und dann kann ich wirklich mit offenem Gesicht nach all denen sehen, die mir nach dem Leben getrachtet haben, und ich werde in die Hände klatschen vor Freude darüber.

⁷ Lieber Gott, also hör auf meine Stimme, wenn ich laut nach dir rufe; sperr weit deine Ohren auf und höre mich!

⁸ Im Inneren rufe ich nach dir mit deinen eigenen Worten: ‚Ihr sollt mich suchen!' Deshalb suche ich dich ja auch, lieber Gott.

⁹ Versteck dich doch nicht einfach vor mir und gib mir noch in deinem Zorn einen Tritt! Du bist doch meine Hilfe, verlaß mich doch nicht und laß mich doch nicht einfach in der Gosse verrecken!

¹⁰ Vater und Mutter haben mich verlassen, ich hab sie nicht mehr. Also nimm du mich auf, wie sie es ein Leben lang getan haben.

¹¹ Zeig mir endlich den richtigen Weg, auf dem ich gehen soll, deinen Weg, und führe mich auf diesem zu dir, an meinen Widersachern vorbei!

¹² Laß mich doch nicht einfach dem Mutwillen meiner Widersacher ausgesetzt sein! Bösartige Lä-

stermäuler stehen gegen mich auf und tun mir unrecht ohne jede Gewissensbisse!

[13] Ich aber bin ganz fest davon überzeugt, daß ich
dich einmal sehen werde und deine ganze Güte im
Land des Lebens jenseits von unse-
rem Elend erleben darf.

[14] Warte auf den lieben Gott! Sei
getrost, hab keine Angst, hab Geduld
und warte – noch ein wenig!

Psalm 28

Hoffnung in Angst

[von David]

¹ **W**enn ich zu dir rufe, lieber Gott, dann schweige nicht länger. Wenn du nämlich weiter schweigst, dann fühle ich mich ganz am Ende.

² Hör doch einfach darauf, wenn ich zu dir rufe und händeringend dich um Hilfe bitte.

³ Wirf mich nicht weg, zusammen mit dem Gesindel und den Übeltätern, die zwar freundlich mit jedermann sind, im Herzen aber nur Böses im Schilde führen.

⁴ Behandle sie bitte so, wie sie wirklich sind und was sie tun und schlag ihnen ihre Fressen mit schweren Eisenhämmern ein, so wie sie's verdient haben.

⁵ Denn dieses Gesindel achtet auf alles andere als auf deine Schöpfung. Also, fall denen in den Arm und zwing sie zu Boden.

⁶ Dank dir, lieber Gott, denn es scheint, daß du meine ängstliche Stimme gehört hast.

⁷ Lieber Gott, du bist meine Stärke und meine Sicherheit, und nur auf dich hofft mein Herz. Hilf mir.

Jetzt wird mein Herz fröhlich und ich dank dir dafür.

8 Lieber Gott, du bist die Kraft eines jeden Menschen und eine Hilfe und eine Stärke für jedermann, der guten Willens ist.

9 Hilf doch uns allen und setz dich für deine eigene Schöpfung ein und bewahre sie fürsorglich für alle Zeiten!

Psalm 29

Gott, gesehen mit Menschenaugen

[ein Psalm Davids]

¹ Ihr da oben, ihr Mächte und Gewalten, von denen ich nichts weiß, nur daß sie da sind, gebt eurem Schöpfer die Ehre!

² Ehrt ihn mit seinem Namen und helft ihm bei seiner Aufgabe, diese Schöpfung zu Ende zu bringen!

³ Hört doch, daß die Stimme Gottes überall gehört werden kann, im Wasser, im Donner,

⁴ die Stimme Gottes ertönt überall machtvoll und alles, was ihr hört, ist auch ein wenig Gottes Stimme.

⁵ Wenn der liebe Gott etwas sagt, dann kann er sogar mit seiner Stimme Baumstämme zerbrechen lassen wie Streichhölzer.

⁶ Er kann sogar den ganzen Libanon, das Libanongebirge, springen und hüpfen lassen, den höchsten Berg Sirion wie einen jungen Stier daherpreschen lassen.

⁷ Wenn der liebe Gott spricht kommt es mir vor, wie wenn Feuerflammen prasseln,

8 und wenn er ruft, dann können Kontinente wakkeln, selbst die Wüste fängt an zu beben

9 Gott kann sogar ganze Eichen ausreißen mit seiner Stimme und Wälder kahl fegen. Und alles ruft nur als Antwort: ‚Ehre sei Gott!'

10 Der liebe Gott wohnt sogar über der brausenden Meeresflut, und das in alle Ewigkeit.

11 Der liebe Gott gibt allen Menschen die notwendige Kraft, die sie brauchen, um seine Lebensregeln kraftvoll für den Frieden durchsetzen zu können.

Psalm **30**

Danke

[ein Psalm Davids, ein Lied
zur Einweihung des Tempels]

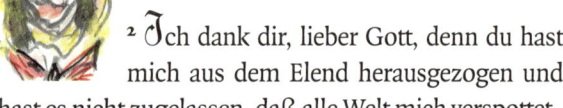

² Ich dank dir, lieber Gott, denn du hast
mich aus dem Elend herausgezogen und
hast es nicht zugelassen, daß alle Welt mich verspottet.

³ Ich habe zu dir gerufen, und du hast mir meine
Gesundheit wiedergegeben.

⁴ Du hast mich sogar von den Toten wieder herauf-
geholt und mir mein kleines Leben wiedergegeben, und
die, die mir böse wollten, mußten statt mir sterben.

⁵ Ich danke dir, zusammen mit allen Gleichge-
sinnten und Gutwilligen freue ich mich.

⁶ Denn dein Zorn, lieber Gott, dauert nur Augen-
blicke, aber die Freude, dich zu haben, eine Ewigkeit
lang. Abends habe ich oft vor Elend geweint, aber am
Morgen bin ich wieder froh aufgewacht.

⁷ Ich verspreche, daß ich nie mehr schwankend
werde, jetzt wo es mir so gut geht.

⁸ Denn du, lieber Gott, hast mir Halt gegeben,
überall und zu jeder Zeit. Wenn ich dich nicht gleich
gefunden habe, dann war die Angst wieder da.

⁹ Lieber Gott, ich habe zu dir gerufen und habe dich darum gebeten:

¹⁰ Was kann dir helfen, wenn ich tot bin? Können meine morschen und vermoderten Knochen dir dann danken?

¹¹ Also, lieber Gott, höre mich und laß mich weiterleben! Hilf mir einfach, angstfrei zu leben!

¹² Mein ganzes ängstliches Gestammle und mein depressives, trauriges Geschwätz hast du mir mit einem Male in Fröhlichkeit und Freude umgedreht,

¹³ du willst nämlich, daß ich nicht still und ängstlich werde, sondern auch anderen Menschen darüber berichte, wie gut es ist, daß du da bist, und zwar für immer!

Psalm 31
Hilfe im Elend

[ein Psalm Davids, der vorzusingen ist]

² *L*ieber Gott, ich vertraue dir und paß auf, daß ich nicht ganz untergehe, sondern halte mich, weil du ein gerechter Mann ist.

³ Horch einfach auf mich und hilf mir! Gib mir Halt in dieser haltlosen Strömung, was sich Welt nennt.

⁴ Denn du bist wirklich mein Halt und meine Sicherheit, und ich bitte dich, mir über alle Abgründe des Lebens zu helfen und mich zu führen.

⁵ Errette mich aus den Intrigen meiner Umgebung, hilf mir aus den üblen Nachreden, die täglich auf mich herabprasseln! Du bist nämlich der, der mir helfen kann.

⁶ Ich flüchte mich mit allem, was ich habe, in deine Obhut, du hast mir die Angst gelöst, du treuer und guter Gott.

⁷ Ich hasse all das, was vordergründig und oberflächlich ist und trotzdem von dieser Welt angebetet wird. Ich hoffe nämlich nur auf dich.

⁸ Ich freue mich wie ein Kind, daß du da bist, daß

du auch mein Elend siehst und dich meiner ängstlichen Not annimmst.

⁹ Ich freue mich darüber, daß du mich nicht ganz meiner böswilligen Umgebung übergibst und mich fest auf deinem Grund stehen läßt.

¹⁰ Lieber Gott, hilf mir, denn mir ist angst! Mein Auge ist trübe geworden vom Weinen und vom Elend, mein Inneres und mein Äußeres sind in Agonie.

¹¹ Mein Leben verbringe ich nur noch in Kummer und meine Jahre in bitterem Jammern. All meine Kraft ist geschwunden, und zwar durch mich selbst, und sogar meine Knochen sind morsch – durch mich!

¹² Ich bin für meine Feinde nicht einmal mehr ein Gegner, sondern nur noch Spott, und meiner Umgebung falle ich zur Last, meine Bekannten machen einen weiten Bogen um mich, wie wenn ich eine ansteckende Krankheit hätte!

¹³ Ich bin selbst bei meinen Freunden vergessen, wie wenn ich längst tot wäre, und ich fühle mich wie ein zerbrochener Tonkrug.

¹⁴ Ich höre doch überall, wie man über mich lästert und wie in meiner Umgebung schlecht über mich gesprochen wird! Man spricht über mich und wünscht mir einen baldigen Tod!

¹⁵ Ich aber, lieber Gott, ich hoffe nur auf dich, weil

ich niemand anders habe und sage zu dir: Du bist der
liebe Gott, der alles richten kann!

[16] Meine enge Zeit, über die ich verfüge, hast du in
deinen Händen. Hilf mir einfach aus der Hand meiner böswilligen Umgebung und denen, die mich verfolgen.

[17] Gib mir in diesem Dunkel ein Licht und zeig
mir dadurch deine Güte!

[18] Lieber Gott, laß mich nicht ganz verderben,
denn ich, der an dich glaubt, ich rufe dich an. Das
gottlose Gesindel soll meinetwegen untergehen und
zu den Toten gehen, um dann ewig zu schweigen.

[19] Die frechen Lügenmäuler sollen ihren Mund
halten, die sonst nichts anderes tun, als ihre Mitwelt
bösartig zu verleumden.

[20] Wie groß bist du, lieber Gott, weil du die bewahrst, die dich mögen und den Leuten zu Hilfe
kommst, die auf dich vertrauen!

[21] Du hilfst ihnen wie ein Schutz vor den Legionen
der Bösartigen und beschützest sie vor den zänki-
schen Zungen der bösartigen Weiber und feinen
Herren.

[22] Gelobt seist du, lieber Gott, denn du hast mir
gezeigt, daß man auch anders leben kann, nämlich
in großer, ruhiger Haltung!

[23] Als ich in völligem Elend lag, habe ich wohl ge-

sagt: Du hast mich wohl aus deinen Augen entfernt und aus deinem Sinn verstoßen. Doch du hast wirklich auf meine flehende Stimme gehört, als ich in der höchsten Not angstvoll zu dir schrie.

24 Ihr könnt euch auf den lieben Gott verlassen und habt ihn wirklich gerne, ihr Gutwilligen! Die nämlich beschützest du und denen, die nur Hochmut und Boshaftigkeit kennen, vergilt er auch dies!

25 Tröstet euch damit und verzagt nicht, ihr alle, die ihr auf Gott und auf seine Zeit wartet!

Psalm 32
Angstfrei und schuldlos
[eine Unterweisung von David]

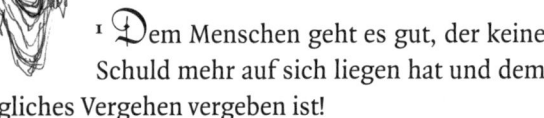

¹ Dem Menschen geht es gut, der keine Schuld mehr auf sich liegen hat und dem jegliches Vergehen vergeben ist!

² Dem Menschen geht es auch gut, dem du, lieber Gott nichts vorwirfst und in dessen Gemüt nur reine Freude ist!

³ Ärgerlicherweise tue ich nichts anderes als klagen und dadurch wird mein Leben nicht besser!

⁴ Du hast mich Tag und Nacht schwer bedrückt und mir das Herz schwer gemacht, so daß jede Freude und Zuversicht mir genommen war.

⁵ Dann habe ich dir gesagt, daß ich es wohl selbst bin, der sein Leben so schlecht geredet hat. Ich habe zu mir gesagt: Ich will mit dir, lieber Gott, darüber reden, daß ich mein eigenes Leben selbst ruiniere! Du hast mir darauf gesagt, daß ich keine Schulden mehr bei dir habe.

⁶ Alle Menschen guten Willens werden zu dir rufen in der Zeit der Angst und Bedrängnis, und selbst wenn große Katastrophen auf sie herunterbrechen, werden sie nicht untergehen.

⁷ Du bist der einzige Angstlöser, den ich kenne und der mir hilft, daß ich mich fröhlich mir und meiner Umwelt wieder widmen kann.

⁸ ‚Ich will dir einen gangbaren Weg zeigen, den du gehen kannst und sollst und will dir erklären, wie du bis zum Ende kommst!‘

⁹ Ihr Menschen, seid doch nicht wie dummes, unverständiges Vieh, das nur mit hartem Zaumzeug oder Hundeleine auf den rechten Weg zu bringen ist.

¹⁰ Der Gottferne hat unendliche Ängste; wer aber auf dich, lieber Gott, hofft, dem werden sie genommen.

¹¹ Freut euch alle ihr Menschen, die ihr Gott mögt, ihr sensiblen Gottsucher! Freut euch darüber!

Psalm 33
Gelächter über unsere Weisheit

¹ Freut euch ihr Menschen, die ihr Gott sucht, seid froh darüber und freut euch!

² Seid dankbar und singt und pfeift fröhlich vor euch hin!

³ Summt ihm ein neues Liedchen vor, eurem Herrgott, und spielt und klimpert auf allen Instrumenten, die ihr findet.

⁴ Denn der liebe Gott ist wirklich da, und was er den Menschen versprochen hat, das wird er auch halten, dessen bin ich gewiß!

⁵ Der liebe Gott liebt Gerechtigkeit und gerechte Menschen, und die ganze Erde sollte eigentlich davon erfüllt sein!

⁶ All das was wir sehen ist durch ein einziges Wort Gottes gemacht worden, und als er sagte: Es werde!, dann wurde auch alles.

⁷ Alle Moleküle auf dieser Welt folgen nach seinen Gesetzen, und alles Feste und Fließende läuft nach seinem Plan!

⁸ Alle Welt kann sehen, woraus sie entstanden ist, und jedes Lebewesen kann seinen Urgrund in dir, lieber Gott, finden!

⁹ Wenn du etwas sagst, so geschieht es! Wenn du etwas ordnest, dann wird es zur Gesetzmäßigkeit.

¹⁰ Und du, lieber Gott, lachst über die Gescheitheit der Wissenschaften, die sich überall auf der Welt als einziges Maß breitmacht.

¹¹ Deine Ideen bleiben, und dein Schöpfungswille hat Bestand, nicht unsere gescheiten Gedanken darüber!

¹² Dem Menschen geht es gut, der dich, lieber Gott, nicht vergessen hat und dem du eine geistige Heimat bietest.

¹³ Du schaust vom Himmel herunter und siehst all das, was deine von dir geschaffenen Menschen so alles tun.

¹⁴ Du siehst aus deiner Ewigkeit in die enge Zeitlichkeit von uns Menschen.

¹⁵ Gott lenkt allen Menschen das Denken und das Fühlen, und er schaut besonders darauf, was bei denen herauskommt.

¹⁶ Ein Führer oder Duce hat keine große Macht unter seinen ewigen Augen, und ein Che Guevara und ein Stalin hält seine Macht nicht lange zusammen.

¹⁷ Neue Waffensysteme helfen auch nichts, wenn man sich darauf verläßt, und noch so gut durch-

dachte Instrumente der Macht und der Unterdrük-
kung helfen nichts.

18 Schaut einfach her, denn der liebe Gott achtet
auf anderes, nämlich auf die Furcht vor ihm und auf
seine große Güte

19 und vor allen Dingen darauf, daß er alle Menschen vom ewigen Tod erretten kann und in diesem
Leben ihnen eine Perspektive ergibt.

20 Unser ganzes Gemüt wartet auf dich, lieber
Gott, denn du bist die einzige Hilfe und Zukunft für
uns.

21 Unser ganzes Inneres freut sich,
wenn wir an dich denken.

22 Lieber Gott, bleib und hilf, daß
wir die Hoffnung auf ein gutes Ende
nicht verlieren.

Psalm 34

Halt in auswegloser Angst

[von David, als er sich vor Abimelech
als wahnsinnig ausgab
und dieser ihn fortjagte]

² *L*ieber Gott, ich will dir aus innerer Freude heraus Dankeschön sagen, und das soll nicht anders werden.

³ In meinem Inneren bin ich froh, daß es dich gibt, und das sage ich auch meiner ganzen Umgebung.

⁴ Es freut mich, wenn die Menschen um mich herum dies auch so sehen und wir gemeinsam ein Vaterunser beten können!

⁵ Als ich dich, lieber Gott, brauchte, hast du mir im Stillen Halt gegeben und mich vor auswegloser Angst gerettet.

⁶ Die dich in ihrem Gemüt haben, die scheinen vor Freude zu strahlen, und in ihren Gesichtern steht immer Hoffnung und Zuversicht.

⁷ Wenn jemand im tiefsten Elend nach dir ruft, so wird er getröstet und kommt aus dem schlimmsten Elend heraus.

8 Dein Geist, lieber Gott, umgibt mich ganz, und ich fürchte mich davor, diese innere Harmonie zu verlieren.

9 Ihr Menschen, versucht doch einfach einmal, auf ihn zuzugehen und ihm zu trauen!

10 Habt Angst davor, euren eigenen Hintergrund zu verlieren und haltlos zu werden. Wenn ihr euch an ihn haltet, dann geht es euch gut.

11 Diejenigen, die alles haben, bekommen am meisten Hunger und Durst nach mir! Aber wenn ihr ihn sucht, dann fehlt es euch an nichts.

12 Kommt doch her, ihr Menschen aus der ganzen Welt und hört darauf: Ich möchte es euch lauthals verkünden, daß der liebe Gott lebt und mit euch etwas zu tun hat!

13 Wer von euch möchte nicht gerne in Frieden leben und einige schöne und gute Tage haben? Jeder! Und wie geht das?

14 Halt dich einfach zurück von böser Nachrede, lüge nicht und betrüge nicht.

15 Laß einfach alles Böswillige bleiben und mach was aus deinem Leben, suche den Frieden, die Ausgeglichenheit und das Wohlergehen auch der geringsten Menschen um dich herum.

16 Der liebe Gott schaut darauf, ob ihr solches tut, und er hört sehr wohl auf die Ungerechtigkeit auf dieser Welt, verursacht von Menschen!

¹⁷ Der liebe Gott ist der einzige, der dem Wahnsinn der Unmenschlichkeit widersteht und irgendwann einmal dem ein Ende macht, und wenn sie sich selbst gegenseitig umbringen!

¹⁸ Wenn die Armen und Unterdrückten auf dieser Welt nach Gerechtigkeit rufen, dann finden sie beim lieben Gott Gehör, dessen könnt ihr sicher sein.

¹⁹ Der liebe Gott ist denen ganz nahe, die zerbrochen sind, und er ist auf deren Seite, deren Gemüt nur noch aus zerschlagenen Scherben besteht.

²⁰ Wenn ihr keine Atheisten seid, dann müßt ihr wegen dem lieben Gott viel erdulden, aber keine Angst, am Ende siegt diese Haltung.

²¹ Der liebe Gott paßt auf jeden von uns auf, daß er nicht innerlich und äußerlich zerbrochen wird.

²² Die Atheisten aber laufen in ihr eigenes Unglück, und sie laden immense Schuld durch ihr verworrenes Tun auf sich.

²³ Er aber löst uns aus all dieser Schuldverstrickung und läßt uns wieder frei atmen.

Psalm 35

Gegen erbarmungsloses Gesindel

[von David]

¹ *L*ieber Gott, sei du mein Anwalt gegen meine Verleumder, sei mir ein Rechtshelfer gegen dauernde Angriffe!

² Hilf mir mit deinem Geist und deinem Wissen, argumentiere für mich und hilf mir!

³ Mit deinem Wort und deiner Argumentationskunst kannst du meine Verleumder beschämen. Bitte bleib an meiner Seite!

⁴ Die, die mir ein Leben lang nach meinem Ruf und nach meinem Leben trachten, sie sollen zum Spott werden und rot vor Scham! Und die, die nichts anderes im Sinn führen als mich aus reiner Freude zu ruinieren, die sollen selber untergehen!

⁵ Sie sollen wie Papierschnipsel im Wind werden, wenn du, lieber Gott, ihre Argumente gegen mich zerpflückst.

⁶ Es soll ihnen so gehen, daß sie auf ihren miesen Wegen stolpern und hinfallen und dann, lieber Gott, laß sie nicht einfach liegen, sondern packe sie!

⁷ Ohne jeden Grund haben sie mich nämlich ver-

folgt und grundlos mich ein halbes Leben lang ins Elend gestoßen.

8 Jetzt soll es andersherum einmal ihnen an den Kragen gehen: Das Unheil, das sie mir an den Hals gewünscht haben, soll sich gegen sie selber kehren und sie zernichten.

9 Aber mein Inneres soll sich jetzt einmal freuen in dir, lieber Gott, und Freude darüber empfinden, daß du an meiner Seite stehst.

10 Mein ganzer Geist, meine Seele, mein Körper sollen sagen: Lieber Gott, wer gleicht dir? Du bist doch der einzige, der den Elenden rettet vor dem übermächtigen boshaften Gesindel, und die ärmsten der Armen sogar noch vor ihren Räubern bewahrt.

11 Es werden immer wieder falsche Zeugen auftreten und mich mit Lügengeschichten belasten, von denen ich nicht einmal etwas weiß.

12 Alles was ich von denen bekomme ist Böses für das Gute, was ich getan habe, um mir das Herz schwer zu machen.

13 Ich habe nichts anderes getan, als anzupacken und zu helfen, wenn andere in Not waren, ich habe meine Lebensqualität eingeschränkt, um den anderen zu helfen, wieder auf die Beine zu kommen.

14 Ich habe wie ein Freund und Bruder anderen Menschen geholfen, bin mitleidig gewesen und habe wie eine Mutter auch in der größten Traurigkeit anderen beigestanden.

¹⁵ Jetzt aber freut man sich darüber, wenn ich selbst einmal ins Straucheln komme, sie rotten sich zusammen, reden hinterrücks Böses über mich, tuscheln, spotten und wollen mich vernichten.

¹⁶ Sie lassen an mir nichts Gutes und hassen mich sogar noch für das, was ich ihnen Gutes getan habe.

¹⁷ Lieber Gott, wie lange willst du dem noch zusehen? Wenn schon nicht meinen Körper, dann errette doch wenigstens meinen Geist und meine Seele vor diesen bösartigen Menschen!

¹⁸ Ich danke dir dafür und werde allen Menschen davon berichten, wenn du mich leben läßt.

¹⁹ Laß es nicht zu, daß dieses Gesindel sich noch über mein Elend freuen kann, laß es nicht zu, daß sie ungestraft spotten können über jemanden, der ihnen nichts getan hat!

²⁰ Denn diese Leute haben keinen friedlichen Gedanken und nur Boshaftigkeiten in sich, die sie an den bescheidenen und ruhigen Menschen ausleben.

²¹ Sie zerreißen sich ihre Mäuler und schreien bei jeder Gelegenheit: ‚Hier, da, dort, wir haben alles gesehen!‘

²² Lieber Gott, wenn jemand etwas gesehen hat, dann du, und jetzt: Schweige nicht und bleib an meiner Seite!

²³ Schlaf nicht, lieber Gott, werde wach und hilf mir zu meinem Recht, und wenn es noch so schwer ist, für dich wie für die Sache!

²⁴ Lieber Gott, weil du gerecht bist, kannst du mir auch zu Gerechtigkeit verhelfen, daß nicht das Unrecht Triumphe feiert.

²⁵ Es kann nicht sein, daß sie ungestraft sagen können: Den haben wir erledigt! Wir haben ihn ruiniert!

²⁶ Dieses Gesindel soll sich schämen, die sich am Unglück anderer Menschen erfreuen und sollen selber in diese Rolle gedrängt werden, die sie anderen so freigiebig zumuten!

²⁷ Es würde mich freuen, wenn es eines Tages heißen könnte: Du hast recht behalten und der liebe Gott war offensichtlich auf deiner Seite!

²⁸ Wenn das so geschehen könnte, dann könnte ich nur noch mit großer Freude an dich denken und anderen Leuten von dir und deiner Gerechtigkeit erzählen!

Psalm 36
Macht und Licht

[von David, dem Knecht
des Herrn vorzusingen]

2 Es gibt Menschen, die in ihrer Gottlosigkeit im Grunde ihres Herzens nur Boshaftigkeit verbreiten.

3 Und es scheint, daß du, lieber Gott, denen alle Wege geebnet hast, daß sie machen können was sie wollen.

4 Aber alles was sie vorbringen ist Lüge und Gemeinheit, verständig sind sie nicht und Gutes tun sie schon gar nicht.

5 Selbst wenn es ihnen gut geht und sie zufrieden sein könnten, haben sie nur im Kopf, wie sie dem Nächsten schaden können, und es scheint, daß ihrem Tun keine Grenzen gesetzt sind.

6 Lieber Gott, man sagt, daß du die Wahrheit bist, so weit das ganze Universum reicht.

7 Deine Gerechtigkeit, so sagt man, reicht bis auf die höchsten Berge und die tiefsten Tiefen des Meeres und überall bist du der Urgrund für Mensch und Tier.

8 Es ist wunderbar, Gott, daß wir kleinen Menschen uns in deinen Schutz begeben können.

9 Und im Reichtum, den du uns gibst, werden wir ruhig und zuversichtlich und gelassen, und fröhlich können wir mit dir im Sinn weiterleben.

10 Du bist nämlich der Urgrund unseres Lebens, und wenn auch alles um uns herum zerbricht und verdunkelt ist, sehen wir dich als einziges Licht.

11 Bitte hilf den Menschen, die dich kennen und schätzen und die gerecht sind und die nach dir suchen, halte sie in deiner Hand.

12 Ich bitte dich, laß mich nicht von den Überheblichen in den Dreck gezogen werden und sorge dafür, daß die arroganten Spötter mich nicht verjagen!

13 Ich weiß, daß du diesen Bösewichtern ihre scheinbare freie Bahn verlegst, sie zum halten zwingst und in den Straßenstaub wirfst. Ohne wieder aufzustehen!

Psalm 37
Zufrieden bei dir

[von David]

¹ Mach dir nicht zu viele Gedanken über das Böse in dieser Welt und sei nicht neidisch auf das Glück derer, die gegen Gott arbeiten.

² Sie werden verdorren wie Gras, und wie stolze und schöne Blumen werden sie in ganz kurzer Zeit verwelken.

³ Ich hoffe lieber auf dich, lieber Gott, und tue Gutes, ich bleibe hier in meinem Land und lebe bescheiden und beschaulich.

⁴ Du, verehrter Mitmensch, schaue auf den lieben Gott, der auch dir geben wird, was du im Innersten wünschst und brauchst.

⁵ Wirf einfach alle deine Unsicherheiten und Ängste auf den lieben Gott, und du darfst sicher sein, daß er dich richtig leiten und führen wird.

⁶ Er wird sogar dich für deine Gerechtigkeit belohnen und dich in sein klares Licht führen, und dein Leben wird hell sein wie die Mittagssonne.

⁷ Habe Geduld und sei einfach still und warte! Sehe gelassen auf den Übeltäter, dem es gut geht und der mit anderen Menschen seinen Mutwillen treibt.

⁸ Sei nicht zornig, innerlich böse, angespannt und voll von Haß, sei nicht wütend gegen irgend jemand, denn damit machst du alles nur viel schlimmer.

⁹ Das Böse wird sich selbst im Weg stehen und irgendwann einmal zugrunde gehen, wenn du aber auf den lieben Gott hoffst, dann wird es dir gut gehen.

¹⁰ Warte doch nur eine kurze Zeit, und der übermütige Spötter ist nicht mehr da, und selbst wenn du ganz intensiv nach ihm suchst, er ist weg, so schnell er aufgetaucht ist.

¹¹ Es ist so, daß die Armen und Elenden an Gott ihre Freude haben werden, und sie sind diejenigen, die ihren Frieden finden werden, niemand sonst.

¹² Der intrigante Spötter droht demjenigen, der Gott fürchtet und sucht ihn in allem zu schädigen.

¹³ Aber sei gewiß, der liebe Gott lacht über sie, denn er weiß, daß er den längeren Atem hat und eines Tages sich rächt.

¹⁴ Die Spötter bewaffnen sich mit allen Arten von Argumenten gegen dich, lieber Gott, und sie vergreifen sich ganz besonders gerne an den Elenden und Armen und bringen sogar die einfachsten, frömmsten Menschen zu Fall, nur so aus Freude am Zerstören!

¹⁵ Aber ihre eigene Argumentationskunst richtet sich gegen sie selber, und ihre Boshaftigkeiten fressen sie selbst auf.

¹⁶ Sei zufrieden mit dem Wenigen, das du besitzest, es ist viel besser als das gehortete Unrecht der so zahllosen Ganoven, Spekulanten und Betrüger.

¹⁷ Denn irgendwann einmal fällt die Macht dieser Menschen in sich zusammen, und der liebe Gott hält die Armen und Elenden und läßt sie zu Ehren kommen.

¹⁸ Der liebe Gott weiß wohl, wer ihm nachfolgt und seine Gesetze hält und vergißt dies auch nicht in Ewigkeit,

¹⁹ diese Menschen werden auch in schlimmer Zeit nicht untergehen, und selbst in elendesten Zeiten werden sie nicht Hunger leiden.

²⁰ Aber die Spötter und Intriganten, Atheisten, Gotteshasser werden selbst umkommen, da in ihnen nichts ist als Haß, und wenn sie noch so reich und mächtig erscheinen, so werden sie einfach vergehen wie Rauch in klarer Luft.

²¹ Das haltlose Gesindel muß dann bei anderen Schulden machen und um Essen bitten, aber sie können es nicht mehr zurückzahlen. Nur der Gerechte, der kann aus vollem Herzen weitergeben und beschenken.

²² Er weiß nämlich, daß der liebe Gott ihm alles wieder zurückerstatten wird. Aber die, die der liebe Gott nicht leiden kann, die haben schlechte Zeiten vor sich.

²³ Wenn ein Mensch einen festen gläubigen Standpunkt hat, dann hat auch der liebe Gott einen großen Gefallen an ihm.

²⁴ Wenn er hinfällt und strauchelt, dann stürzt er nicht schwer, denn er wird von einer höheren Hand wieder aufgefangen.

²⁵ Ich bin jung gewesen und nun alt geworden, habe aber noch nie gesehen, daß ein Mensch, der Gott liebt und verehrt, verlassen war und nicht mehr wußte, woran er sich orientieren sollte.

²⁶ Der Mensch, der Gott liebt, ist auch barmherzig und gibt gerne großzügig anderen, ohne den Hintergedanken eines Gewinns, und das wird ihm zum Segen sein.

²⁷ Wenn du dich von der Enge und Beschränktheit der Menschen und ihrer Boshaftigkeit abwendest und Gutes tust, dann wird es dir ein Leben lang gut gehen.

²⁸ Der liebe Gott hat nämlich auch den Gerechten gern, und er steht zu ihnen und läßt sie nicht fallen. Solange sie leben werden sie beschützt, aber die intelligente Intriganz wird sich selbst zugrunde richten.

²⁹ Die, die Gott fürchten, werden in die Zukunft planen können und haben für immer eine Perspektive.

³⁰ Die Gott akzeptieren haben immer gute Argumente und das Recht auf ihrer Seite.

³¹ Denn Gottes Ideen und Tröstungen liegen immer in seinem Herzen, und deswegen kann er niemals endgültig fallen.

³² Der atheistische Intrigant hat immer vor, dem Gottgläubigen zu schaden oder ihn gar aus dem Weg zu räumen.

³³ Aber der liebe Gott läßt es nicht zu, daß die Armen und Elenden zu allem Unglück auch noch schuldig werden.

³⁴ Sei einfach geduldig und warte auf Gott, irgendwann wirst du ihn auf deinem Weg treffen und er zeigt dir eine Welt, in der du leben kannst, während die Boshaftigkeit dort verdorren würde!

³⁵ Wie viele Gottesspötter habe ich in meinem Leben erlebt, die nur auf Gewalt gesetzt und sich dabei breitgemacht haben überall auf dieser Welt.

³⁶ Dann kam ich wieder einmal vorbei und suchte dieselben Gewalttäter, und wo waren sie? Nicht mehr da! Ich suchte nach ihnen, fragte nach ihnen, aber niemand wußte, wo sie waren.

³⁷ Also bleibe so gutmütig, demütig und beschei-

den und leb wohl, denn dir wird es ganz sicher auch in Zukunft gut gehen.

38 Die Boshaften bringen sich selbst um, und die Übeltäter rotten sich mit der Zeit selbst aus.

39 Der liebe Gott hilft nämlich nur den Gerechten und Guten, und er ist in ihrer Not und Bedrängnis die einzige, aber richtige und dauernde Hilfe.

40 Der liebe Gott wird ihnen nämlich im- mer beistehen und gibt den Guten Richtung und Ziel, während die Gottlosen nicht wis- sen, was sie anfangen sollen, sich im Kreis drehen und gegenseitig mürbe machen und zuletzt sich in bitterer Feindschaft selbst zu- grunde richten.

Psalm 38

Ausweg aus dem ewigen Warum

[ein Psalm Davids zum Weihrauchopfer]

² Warum strafst du mich, lieber Gott? Warum hast du einen Zorn auf mich und schlägst mich das eine und das andere Mal?

³ Ich fühle mich von dir gedemütigt und verwundet, warum bedrückst du mich?

⁴ Es ist nichts mehr Gesundes an meinem Leib, deswegen weil du mir drohst, und es ist nichts Ganzes mehr in meinem Körper, deswegen weil ich Böses getan habe?

⁵ Habe ich so viel Unrecht getan und sind die Lasten so schwer geworden, daß du so mit mir umgehst?

⁶ Meine Wunden stinken und eitern, und das alles nur weil ich dumm bin?

⁷ Ich bin krumm geworden und laufe nur noch gebückt einher, den ganzen Tag bin ich gedemütigt und traurig.

⁸ Ich kann nicht mehr richtig gehen und habe nur noch Schmerzen, und am ganzen Leib empfinde ich nur noch Krankheit.

⁹ Ich bin einfach müde und abgeschlagen, nein, ganz zerschlagen, in meinem Inneren bin ich nur noch ein Haufen Unrat.

¹⁰ Lieber Gott, du weißt doch was ich brauche, und ich habe es dir in so vielen Anrufen mitgeteilt.

¹¹ Mein Inneres ist tief erschüttert, meine Kraft habe ich nicht mehr, und sogar das Licht meiner Augen ist weitgehend erloschen.

¹² Meine guten Freunde ziehen sich von mir zurück, und die ganze Umgebung hält sich weit weg von mir.

¹³ Allein die, die mich belangen wollen, die sind noch da, die mein Unglück wünschen, die überlegen sich jeden Tag wie sie mir schaden können, Tag für Tag.

¹⁴ Ich bin wie zerstört und kann nichts mehr aufnehmen, wie ein Taubstummer fühle ich mich, der versucht zu reden.

¹⁵ Es scheint, daß ich einer bin der nichts mehr hören kann und auch nichts mehr zu sagen hat.

¹⁶ Aber ich hoffe doch auf dich, lieber Gott, hör doch auf mich!

¹⁷ Ich denke den ganzen Tag, daß es doch nicht möglich ist, daß alle Welt sich an meinem Unglück freut und jedes Stolpern mit großem Beifall zur Kenntnis nimmt.

18 Ja, lieber Gott, ich bin dem Fallen näher als dem Stehen, und Schmerzen habe ich ohne Ende.

19 Ich weiß ja, daß ich nicht schuldlos bin vor dir und gebe auch alles zu, was ich vielleicht zu Unrecht getan habe.

20 Ich weiß, daß meine Feinde immer besser leben und immer mächtiger werden, auch die, die mich zu Unrecht täglich hassen.

21 Alle feinden mich an, sie vergelten mir Gutes mit Bösem, und weil ich nichts anderes als Gutes im Schilde führe, gelingt ihnen das auch.

22 Laß mich doch nicht verrecken, Gott, zeig dich doch endlich und sei in meiner Nähe zu meinem Schutz!

23 Mach schnell, lieber Gott, hilf mir, bevor es zu spät ist!

Psalm 39
Vertrauen in die Vergänglichkeit

[für den Chormeister von Jedutun.
Ein Psalm Davids]

² Ich hab mir was vorgenommen, nämlich mich zu hüten, Unüberlegtes zu sagen, und ich will mir selbst einen Maulkorb anlegen, wenn ich bösartiges Gesindel vor mir habe und gerne etwas sagen würde.

³ Ich bin einfach stumm, still und schweige und muß leider alle Art des Leides in mich hineinfressen.

⁴ Innerlich zerreißt es mich fast, wenn ich daran denke, und es brennt mir mein Herz und ich möchte schreien:

⁵ Lieber Gott, zeig mir doch endlich, daß all das ein Ende haben muß, daß mein Leben ein gutes Ziel hat und ich bald dorthin gelange.

⁶ Schau doch, schau doch, mein ganzes Leben ist für dich nur eine Handbreit Zeit, meine Lebensjahre sind vor dir wie nichts. Alle Menschen, die da meinen, sie können sicher vor dir leben, sind einfach ein Nichts in deinen Augen.

⁷ Sie fühlen sich als das Wichtigste auf der Welt, und dabei sind sie nur Schatten, die Unruhe machen, sonst nichts. Sie sammeln ihren lächerlichen Reichtum und verstehen nicht einmal, daß all das, was sie gesammelt haben, anderen gehören wird.

⁸ Also, lieber Gott, mit was soll ich mich denn noch trösten? Ich hoffe nur auf dich.

⁹ Rette mich und reiße mich heraus aus all dem Elend und laß mich nicht zum Spott der ganzen menschlichen Narretei werden.

¹⁰ Ich werde immer meinen Mund halten, und keine Klage geht von mir aus und schon gar kein Vorwurf gegen dich.

¹¹ Aber bitte, nimm dieses Elend von mir weg. Ich gehe kaputt, weil du es zuläßt, daß es mir so schlecht geht.

¹² Du scheinst die Menschen wegen ihrer Boshaftigkeit mit denselben Mitteln zu behandeln, und du nimmst ihnen ihren lächerlichen Stolz, daß sie herumlaufen wie mit mottenzerfressenen Kleidern. Nichts sind doch diese vergänglichen Menschen in deinen Augen, nichts und nochmals nichts.

¹³ Höre also auf mich, lieber Gott, und reagiere doch auf mein Schreien, schweige nicht zu dem Elend, das ich dir geschildert habe. Schließlich hast du mich gemacht, und jetzt bin ich wie ein Ausgesto-

ßener bei dir, einer mit dem du offensichtlich nichts mehr zu tun haben willst.

¹⁴ Laß mich aus deiner harten Hand her-aus, daß ich mich erholen kann. Keine Angst, lieber Gott, ich sterbe sowieso bald und komme sowieso vor dein Gesicht. Also laß mich jetzt in Ruhe!

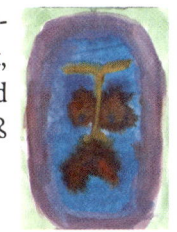

Psalm 40

Im Einklang mit der Schöpfung

[ein Psalm Davids, der vorzusingen ist]

² Ich habe auf dich, lieber Gott, gewartet ein Leben lang, aber jetzt habe ich das Gefühl, daß du mein Rufen gehört hast.

³ Du hast mich aus einer fürchterlichen Situation befreit, ich steckte zwischen lauter Dreck und Elend, und du hast mich da herausgezogen und wenigstens kann ich jetzt wieder nach vorne schauen.

⁴ Welches Wunder, daß es bei mir schon wieder positive Gedanken gibt und ich fast dabei bin, ein Liedchen zu pfeifen! Vielleicht sehen das andere auch, freuen sich darüber und hoffen auch darauf, daß du, lieber Gott, auch ihnen hilfst.

⁵ Es ist schon gut, sich an etwas zu orientieren, das immer da ist und seine Gesetze und Vorstellungen uns gegeben hat, anstatt sich zu den windigen, lügnerischen Heilspropheten zu wenden, die es überall gibt.

⁶ Lieber Gott, genau besehen ist alles um uns herum ein einziges Wunder, weisend auf einen großen Gedanken, der in ihnen steckt, nämlich dein Schöpfungswille. Ich möchte darüber sprechen und

auch anderen davon berichten, daß an unzähligen Enden der Erde deine Spuren unübersehbar sind.

7 Liturgische Gewänder und sonstige Riten gefallen dir nicht, das habe ich wohl verstanden, und du willst nicht, daß man dir Menschen, Tiere oder Gegenstände opfert!

8 Ich habe im Inneren gemeint, einfach zu dir kommen zu können, so wie du es uns in deinen Schriften überliefert hast:

9 Ich möchte gerne das tun, was du uns zu tun aufgegeben hast, und ich mache das aus vollem Herzen sehr gerne.

10 Ich werde zu berichten wissen, auch bei passender und unpassender Stelle, daß ich einen gläubigen Geist in mir habe, und ich werde mir auch bei allen Widerständen es nicht nehmen lassen, immer wieder darauf hinzuweisen. Lieber Gott, du weißt das auch und ich weiß, daß du mir dabei hilfst.

11 Daß die Schöpfung, die du gemacht hast, voll von guten Gesetzmäßigkeiten ist, werde ich immer wieder erzählen, und daß die Erfüllung deines Willens in nichts anderem besteht als in Gottvertrauen, Bescheidenheit, Demut und Treue zu dir.

12 Du aber, lieber Gott, gib mir im Gegenzug ein ruhiges Herz und behüt du mich auch in Treue und Güte, genauso wie ich es tue.

¹³ Ich bin umgeben von Elend und Leid ohne Ende, und ich weiß, daß wir Menschen und ich selbst auch selber daran schuld sind. Ohne Zahl ist die Tatsache der Lieblosigkeit und des Hasses in dieser Welt, es gibt mehr Boshaftigkeit als Haare auf dem Kopf eines Menschen! Was Wunder, daß ich mutlos geworden bin.

¹⁴ Hilf du mir jetzt, lieber Gott, und noch was: Beeile dich damit!

¹⁵ Die Menschen, die mir nach dem Leben und meiner Existenz trachten, soll der Teufel holen. Sie sollen's nicht zustande bringen, mir nur Unglück zu bescheren, eben weil ich auf deine Hilfe zähle.

¹⁶ Wie ein Echo sollen ihre Anklagen und Beleidigungen auf sie selber zurückfallen, wenn sie über mich herziehen.

¹⁷ Und die, die sich über dich freuen und in dir fröhlich sind, laß gut leben, lieber Gott, denn sie fragen nach dir und fühlen sich allein dadurch gut und sicher.

¹⁸ Ich bin ein armes und elendes Schwein geworden, aber du, lieber Gott, du sorgst auch für solche Kreaturen! Du hilfst jedem Geschöpf, ob groß, klein, mächtig oder winzig, du hast alle erschaffen, also kümmere dich auch darum, und das ohne Umschweife!

Psalm 41

In kranker Zeit

[ein Psalm Davids, vorzusingen]

² Gut ist es, sich für Elende, Schwache und Kranke einzusetzen, denn du, lieber Gott, wirst ihn dafür auch in schlimmsten Tagen erretten!

³ Du wirst diese Menschen bewahren und am Leben erhalten und ihnen einen sicheren Platz auf dieser Erde geben und sie nicht der Willkür ihrer feindlichen Umgebung aussetzen.

⁴ Den schwerkranken und den aussichtslosen Fällen wirst du sogar in ihrem Elend wieder Hoffnung geben und sie von ihrer Angst vor dem Tod aus dem Leiden erlösen.

⁵ Ich sage dir doch, lieber Gott, sei mir gnädig und heile mich. Ich weiß, daß ich vieles schlecht gemacht habe.

⁶ Meine bösartige Umgebung redet schlecht über mich, und sie warten nur darauf, bis ich zugrunde gehe.

⁷ Stell dir vor, sie kommen sogar zu mir auf Besuch, aber nur um zu schauen, wie weit mein Auflö-

sungsprozeß schon fortgeschritten ist. Im Herzen
suchen sie etwas, daß sie sagen können: Der ist bald
erledigt!

⁸ Die ganze bösartige Umgebung tuschelt und
flüstert miteinander über mich, und der Inhalt dieses
Schwätzens läßt mich Schlimmes ahnen.

⁹ Sie sagen nämlich, daß dieser Mensch das Unglück gepachtet hat, und wer so gottverflucht ist,
wird es nie zu etwas bringen!

¹⁰ Selbst meine Freunde, auf die ich so fest bauen
konnte, die ich so oft zum Essen und Trinken einge-
laden habe, selbst die geben mir einen Tritt.

¹¹ Du allein, lieber Gott, sei mir jetzt gnädig und
hilf mir, daß ich ihnen zeigen kann, mit wem ich verbündet bin.

¹² Daran merke ich wirklich, daß du noch auf
meiner Seite stehst, um zu verhindern, daß meine
feindliche Umgebung mich endgültig überwältigt.

¹³ Du hältst mich wegen meiner treuen Hartnäckig-
keit zu dir am Leben, und ich hoffe, daß nach diesem
Leben du mich vor dein Gesicht stellst, daß
ich dich immer erblicken kann.

¹⁴ Ich danke dir, lieber Gott, und freue
mich über dich und sage dies jedem Menschen, der mich danach fragt, solange
ich lebe!

Zweites Buch

Psalm 42

Sehnsucht nach Ruhe

[ein Weisheitslied der Korachiter]

 ² Wie ein wildes Tier nach frischem Wasser sucht, so sucht meine Seele, lieber Gott, nach dir.

³ Mein Inneres hat Durst nach dir, lieber Gott. Wann endlich darf ich zu dir kommen und dich ansehen?

⁴ Weinen war mein Schicksal tagsüber und nachts, denn alle Menschen um mich herum fragten mich: ,Wo ist denn nun dein Gott?'

⁵ Ganz traurig bin ich darüber, wenn ich daran denke, wie ich früher ganz selbstverständlich in dein Haus gekommen bin, um dir meinen Dank zu sagen.

⁶ Ich bin ein armes Schwein geworden, traurig obendrein und unruhig, weil ich nicht mehr weiß wohin!

Bleib aber in derselben Hoffnung auf Gott stehen, sage ich mir, denn nur wenn ich das tue, dann werde ich erst meinen Gott schauen, der mich errettet.

⁷ Ich bin im Inneren nur noch leergebrannt und traurig, und überall wo ich hinkomme denke ich an dich, am Fluß Jordan, auf dem Berg Hermon oder sonstwo.

⁸ Wasserrauschen und Tosen der Gischt höre ich in meinem Inneren, und alles brandet über mir zusammen.

⁹ Einmal am Tag glaube ich, daß Gott mir hilft und danke ihm in der Nacht und flehe zu ihm, dem Gott meines Lebens.

¹⁰ Dann spreche ich manchmal zu ihm, zu dem Gott: Mein Fels, warum hast du mich eigentlich vergessen? Warum muß ich herumlaufen wie ein Verlierer, und alle meine Feinde fallen über mich her?

¹¹ Der Hohn der Ganoven, die mich umgeben, ist jedes Mal wie ein Stich in mein Herz, denn jeder ruft mir zu: Wo ist denn nun eigentlich dein Gott geblieben?

¹² Warum bin ich so betrübt, und warum ist mein ganzes Inneres aufgewühlt und unruhig? Bleib einfach in der Hoffnung stehen, die du bisher hattest: Hoffe auf den Gott, der dich erretten wird, und bleib dabei!

Psalm 43

Heimweh nach dem lieben Gott

¹ Lieber Gott, du bist wie ein guter, erfolgreicher Rechtsanwalt, der mich aus auswegloser Lage vor allem Gesindel und lügnerischen Zeugen vor Gericht heraushauen kann.

² Du bist wirklich meine Stärke, lieber Gott, aber warum hast du mich so im Stich gelassen? Warum muß ich laufend mit gesenktem Kopf traurig herumlaufen, wenn meine Feinde mich ohne Ende bedrängen?

³ Gib dein Licht und deine Wahrheit in mich hinein, und so werden sie mich leiten, und Licht und Wahrheit sollen mich führen zu dir in deine Nähe.

⁴ In diesem Licht und dieser Wahrheit kann ich zu dir kommen, du Gott meiner Freude, und ich will einfach nur danke sagen, lieber Gott, daß du da bist für mich.

⁵ Mein Inneres, meine Seele oder mein Geist, warum seid ihr denn so depressiv und so unruhig? Bleibe bei deiner alten Meinung und vertraue auf den lieben Gott. Auch in schlimmster Ausweglosigkeit und Nacht wird er dir helfen, denn er ist dein Retter, den du dann sehen wirst. Nur Geduld.

Psalm **44**

Wach doch endlich auf

[für den Meister des Chors.
Ein Weisheitslied der Korachiter]

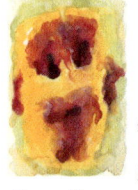 ² *L*ieber Gott, man hat es uns seit ewigen Zeiten erzählt, daß du vor aller Zeit dies alles gemacht hast.

³ Du bist es gewesen, der Völker aufblühen ließ und sie auch gleich wieder zernichtet hast. Du hast Völker zerschlagen und die Vertriebenen dann irgendwo wieder neu angesiedelt.

⁴ Sie haben ihr Land nicht mit Gewalt genommen, nein du warst es, oder besser gesagt das Schicksal, hinter dem du steckst, weil du daran deine Freude hattest.

⁵ Du, lieber Gott, bist es nämlich, der den Sieg jeweils verleiht.

⁶ Mit dir, Gott und Schicksal, halten wir unsere Feinde im Zaum und mit dir im Rücken zertreten wir alle Widerstände.

⁷ Es hat keinen Sinn, sich auf ein eigenes Tun und Können zu verlassen.

⁸ Nein, du warst es, der uns vor unseren Feinden und Hassern gerettet hast.

⁹ Ich weiß das, lieber Gott, und wir alle auch, und wir sind dir dafür dankbar.

¹⁰ Aber jetzt bist du es, der uns verstoßen und verlacht hat. Du bist nicht mehr an unserer Seite.

¹¹ Jetzt müssen wir vor unseren Feinden davonlaufen und unsere haßerfüllte Umgebung plündert uns aus.

¹² Du bist schuld daran, daß wir jetzt Schlachtvieh der anderen sind, und du hast aus uns nutzlose Scherben gemacht.

¹³ Wir, die auf dich hofften, sind nichts mehr wert und allerhöchstens Mist.

¹⁴ Du bist es, lieber Gott, der uns vor allen Nachbarn zum Objekt ihres Spottes und Hohnes werden läßt.

¹⁵ Wenn es etwas zu spotten und zu verachten gibt, dann sind wir es, die an dich geglaubt haben.

¹⁶ Ich schäme mich nur noch, und ich traue mich kaum noch, die Augen aufzumachen.

¹⁷ Weil die lästernden Spötter und die allzeit gewaltbereiten Nachbarn uns umstehen.

¹⁸ Das alles ist so gekommen, wie ich es sage, und trotzdem haben wir dich nicht vergessen und sind nicht aus deiner Gemeinschaft ausgetreten.

¹⁹ Unser Herz ist nicht von dir weggegangen, lieber Gott, und wir sind nicht vom rechten Weg weggegangen.

²⁰ Und trotzdem hast du uns verstoßen, und zwar in ein finsteres Loch mit allerlei Ungeziefer zusammen.

²¹ Wenn wir dich vergessen hätten, lieber Gott, und zu einem anderen übergegangen wären, hättest du das nicht gemerkt?

²² Du weißt nämlich, was in uns vorgeht.

²³ Nein, deswegen weil wir uns zu dir bekennen, werden wir umgebracht, behandelt wie elendes Schlachtvieh.

²⁴ Wach doch endlich auf, lieber Gott! Wieso schläfst du immer noch? Wach auf und tritt uns nicht noch weiter ins Elend!

²⁵ Warum zeigst du dich nicht, und warum vergißt du unsere Not und unser Elend?

²⁶ Unser Körper liegt schon am Boden, unsere Seele, unser Geist und unser Gemüt sind auch schon fast zerstört.

²⁷ Steh doch endlich auf und hilf uns. Hilf uns aufstehen!

Psalm 45

Der liebe Gott – wie ein irdischer König

[für den Meister des Chores
nach der Weise der Lilien.
Ein Weisheitslied der Korachiter.
Ein Liebeslied]

² *L*ieber Gott, mein Herz ist froh geworden, ich sing dir vor Freude ein Lied. Ich kann plötzlich schreiben wie ein flinker Poet.

³ Du, König, bist der Schönste von allen Menschen, Gott hat dich gesegnet und meint es gut mit dir.

⁴ Nimm, du Held, dein Schwert in die Hand und zeige dich in Herrlichkeit!

⁵ Geh hinaus in allem Glück, das dir Gott geschenkt hat, und kämpfe für Wahrheit und Recht! Mit deinem rechten Arm lehrst du die Menschen Respekt.

⁶ Deine Waffen sind scharf, und so kannst du mit Nachdruck allen Völkern ihre Grenzen zeigen.

⁷ Deine Macht, du König, steht jetzt fest da, und es scheint, daß du mit ihr gerecht umgehst.

⁸ Du, König, liebst das Recht und hassest das Un-

recht. Darum hat Gott Freude an dir wie an sonst niemandem!

⁹ Deine Königsgewänder sind unübertrefflich, und aus Elfenbeinhallen klingt zu deiner Ehre Saitenspiel.

¹⁰ Königstöchter verneigen sich vor dir, und deine Braut steht dir zur Rechten in allem Reichtum

¹¹ Höre, Tochter und Braut, höre her: Vergiß deine Herkunft und deinen Vater!

¹² Der König ist es, der jetzt nach dir verlangt, er ist jetzt dein Herr und sei damit zufrieden!

¹³ Töchter aus edlen Häusern von weither kommen, genauso wie die Großen des Reiches, die dir schmeicheln wollen.

¹⁴ Die Braut ist sehr schön, geschmückt und voll von Juwelen.

¹⁵ Die Braut wird in schönsten Kleidern zum König geführt, Ehrenjungfrauen und Freundinnen begleiten sie.

¹⁶ Man geleitet sie mit großer Freude in den Palast des Königs hinein.

¹⁷ An die Stelle, an der einst deine Väter geherrscht haben, werden bald deine Söhne treten, die du als Nachfolger bestellen wirst.

¹⁸ Ich will deinen Namen stets in Ehren halten und mich daran freuen. Ohne Ende.

Psalm 46

Flucht unter deinen Schutz

[für den Chormeister
von den Korachitern.
Nach der Weise ‚Mädchen'. Ein Lied]

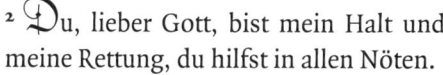

² Du, lieber Gott, bist mein Halt und meine Rettung, du hilfst in allen Nöten.

³ Ich fürchte mich deshalb nicht, wenn auch die Erde zittert und bebt, wenn Berge stürzen wie Eislawinen in die Tiefe des Meeres,

⁴ wenn die Wellen tosen und brechen, und wenn auch die ganzen Berge zittern. Denn du, lieber Gott, bist bei uns, du bist wie eine Burg inmitten von Öde.

⁵ In deinem Haus ist es hell, ein siebenarmiger Leuchter erfreut die ganze Gottesstadt mit Wärme und Licht.

⁶ Du, lieber Gott, wohnst darin, und du bist das Licht für alle, das Morgenlicht und das in der Dunkelheit.

⁷ Und wenn alles Gesindel und die elende Hochfinanz meint, über dich herziehen zu können,

⁸ dann denk in deinem berechtigten Zorn an die, denen du allein stets die rettende Zuflucht bedeutet hast.

⁹ Schaut doch einmal, ihr Menschen, was er getan hat, an Großem, Gewaltigem und auch Furchtbarem auf dieser Erde.

¹⁰ Er kann sogar den Kriegen ein Ende setzen, wenn er will, er zerschlägt alle Waffen und verbrennt Mordinstrumente.

¹¹ ‚Versteht doch endlich, ihr Menschen, daß ich euer Gott bin, der Urgrund euren Daseins und euer Schöpfer!'

¹² Der liebe Gott ist um uns herum, er ist der eigentliche feste Punkt unseres Daseins.

Psalm 47

Ende allen Streits

[für den Chormeister,
ein Psalm der Korachiter]

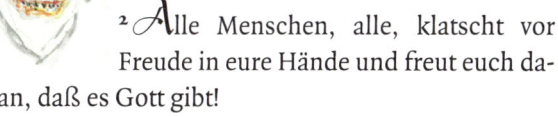 ² Alle Menschen, alle, klatscht vor Freude in eure Hände und freut euch daran, daß es Gott gibt!

³ Er ist das einzige auf dieser Welt, vor dem ihr Respekt haben müßt, er ist der Urgrund unseres Daseins.

⁴ Er zeigt den Völkern, wo er sie haben will, und er zeigt allen die notwendigen Gesetzmäßigkeiten des Lebens.

⁵ Er gibt uns unser Auskommen, den Ort, an dem wir für unser kurzes Leben bleiben können.

⁶ Die Gewißheit vor Gottes Existenz macht uns froh, und es ist uns wohl ums Herz.

⁷ Seid einfach froh und dankbar, werdet gelassen im Bewußtsein, daß er da ist und sich um euch kümmert.

⁸ Er ist der Grund unseres Daseins, und wir werden wieder zu ihm kommen, seid dankbar dafür.

⁹ Er wird wieder einmal von allen uneingeschränkt anerkannt, dann ist die Welt wieder in Ordnung.

¹⁰ Alle Vertreter der Völker kommen dann zusammen und sind einmütig und friedvoll. Denn du, lieber Gott, bist dann von jedermann anerkannt, und es gibt keinen Streit mehr untereinander.

Psalm 48

Keine Utopie mehr

[ein Lied, ein Psalm der Korachiter]

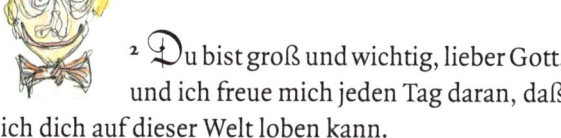

² Du bist groß und wichtig, lieber Gott, und ich freue mich jeden Tag daran, daß ich dich auf dieser Welt loben kann.

³ Deine ganze Welt ist herrlich, und jeder Mensch hat seine Freude daran. Diese Welt ist ein Teil von dir, den du uns als dein sichtbares Zeichen überlassen hast.

⁴ Du, lieber Gott, bist in allen Wohnungen der Menschen bekannt, gleichsam als ihr dauernder Schutzpatron.

⁵ Seht doch: Alles Gesindel auf dieser Welt vereinte sich gemeinsam und sie dachten nur an deine Verleugnung,

⁶ doch als sie genauer hinsahen, mußten sie vor Schreck erstarren, sie bekamen Angst und liefen durcheinander.

⁷ Sie begannen zu zittern und hatten Wehen wie eine gebärende Frau.

⁸ Sie fühlten sich wie in einem Sturm, der Schiffe am Ufer zerschlägt.

⁹ So haben wir's gehört, und so erleben wir's jetzt in deiner Nähe, lieber Gott. Du läßt uns ewig leben, wie du sagst.

¹⁰ Es macht Freude, über dich und deine Ewigkeit nachzudenken, immer und überall!

¹¹ Der Gedanke an dich, lieber Gott, übersteigt die kleinen Enden dieser Welt in ihrer Beschränktheit, und aus diesen Gedanken an dich kommt Ruhe und Gerechtigkeit.

¹² Alle sollen sich darüber freuen und mit dieser Gerechtigkeit sich abfinden und zufrieden sein.

¹³ Umkreist doch mit euren Gedanken den ewigen Gott, geht um ihn herum und beschreibt, was ihr Großartiges dabei erfaßt! Ihn selbst seht ihr nämlich nicht!

¹⁴ Betrachtet seine Herrlichkeit in der Welt, geht in seiner Natur herum, nehmt seine Schöpfung in euch auf, damit ihr euren Kindern noch davon erzählen könnt:

¹⁵ Das alles hast du geschaffen, lieber Gott, und wenn all dies Endliche so schön ist, wie muß erst der Weg in deine ewige Unendlichkeit sein!

Psalm 49

Einsicht, Weisheit

[für den Chormeister
ein Psalm der Korachiter]

 ² Hört dies an, all ihr Menschen, vernehmt es, alle die ihr auf dieser Welt herumlauft,

³ ihr einfachen Leute aus dem Volk, ihr Wichtigtuer, ihr reichen Protzen und auch ihr Armen!

⁴ Ich möchte euch Unvergängliches sagen, Einsichtiges, das aus dem tiefsten Herzen kommt!

⁵ Ich möchte mein Inneres nur noch dieser Weisheit öffnen, die so geheimnisvoll und doch wahr ist.

⁶ Warum soll ich mich in schlimmen Tagen fürchten, sogar wenn bösartiges Gesindel mich zu erdrücken scheint?

⁷ Sie verlassen sich ganz auf ihren Besitz, auf ihren Reichtum und auf ihre Rechtsanwälte.

⁸ Keiner kann sich ein Leben damit verlängern oder gar dich, lieber Gott, bestechen.

⁹ Für dieses, was wir Leben nennen, ist kein Kaufpreis aufzubringen, kein Geld der Welt reicht hierfür,

¹⁰ nämlich auf ewig weiterzuleben und nie ins Grab zu sinken.

¹¹ Seht doch einfach in die Welt: Die Gescheitesten sterben auch, genauso wie die Armen im Geiste und die boshaften Idioten, alle müssen sie ihr irdisches Gut hier lassen.

¹² Unten im Grab beginnt die Ewigkeit, das ist die dauernde, bleibende Wohnung, selbst wenn sie auf dieser Welt alle möglichen Dinge und sogar ganze Länder ihr eigen genannt haben!

¹³ Der Mensch bleibt nicht in seiner vermeintlichen Großartigkeit, er gleicht dem armen, stummen Vieh, das er tötet und auffrißt!

¹⁴ Das ist der Weg, auf dem die enden, die nur ellenbogig auf sich selbst vertrauen, und das ist auch das Ende von denen, die so klug formulieren können und sich darin eitel gefallen!

¹⁵ Der Tod leitet euch alle in seine Welt wie ein Hirt seine Schafe führt und stürzt sie alle ins Nichts. Alles Leben sinkt in sich zusammen, alle Gestalt wird zur unförmigen Masse, und alles Leben tritt in eine andere Welt über.

¹⁶ Doch du, lieber Gott, holst mich heraus aus dieser entsetzlichen Welt und nimmst mich mit zu dir.

¹⁷ Sei ja nicht neidisch, wenn du siehst, daß es an-

deren gut geht und sie immer mehr haben, arroganter und überheblicher werden.

18 Denn im Tod nehmen diese prächtigen Originale nichts mit, und die ganze Großartigkeit dieser Deppen wird mit ihnen begraben.

19 Und wenn dieses Gesindel sich im Leben auch glücklich schätzt und dich, lieber Gott, sogar als Zeuge verachtet – sei du im Leben selig nach dem Tod. Gott läßt es uns gut gehen!

20 So muß dieses menschliche Ungeziefer auch in die Dunkelheit der Gräber hinabsteigen, wo es kein Licht und keinen Horizont mehr für sie gibt. Niemals mehr.

21 Die Großartigkeit der menschlichen Arroganz, sie gleicht einer dummen, stummen Kuh!

Psalm 50

Die einzige Freude,
die am lieben Gott

[ein Psalm Asaphs]

¹ Der eigentliche Gott, vor allen euren Göttern, nämlich mein Gott, er sagt der ganzen Erde, vom Morgen bis zum Abend, was wirklich recht und gut ist.

² Gott steigt auf vor unserem inneren Auge wie die Morgensonne über die Berge steigt.

³ Der liebe Gott wird so kommen, und er schweigt dann nicht. Im Feuersturm wird er auf euch zukommen.

⁴ Unüberhörbar wird er in jedes Bewußtsein dröhnen: Gericht ist angesagt!

⁵ ‚Kommt alle her, ihr Gutwilligen, die ihr in meinem Sinne gelebt und gehandelt habt.‘

⁶ Von einem Ende zum anderen am Himmel wird stehen: Gott wird richten.

⁷ Hört doch, ihr Menschen, ich rede jetzt. Mann gegen Gott, Israel, ich klage dich an, ich, dein Gott und Richter!

⁸ Ich klage dich nicht an wegen deiner lauen Ge-

sinnung, auch habe ich deine täglichen Gebete immer gehört.

⁹ Ich will keine Opfer haben, weder Stiere noch Böcke noch sonst etwas.

¹⁰ Denn das alles gehört mir ja, alle Tiere in den Wäldern, auf den Bergen und sonstwo.

¹¹ Ich kenne sie alle, die Vögel im Himmel und was sich regt auf dem Feld, es gehört mir ja!

¹² Wollte ich Opfer von diesen Tieren und hätte Hunger darauf, dann bräuchte ich es dir nicht zu sagen, denn die ganze Welt gehört mir sowieso.

¹³ Soll ich denn Stierfleisch essen und Tierblut trinken?

¹⁴ Bring deinem Gott als Opfer deinen Respekt und deine Liebe entgegen und erfülle so deinem Schöpfer gegenüber deine eigentliche Aufgabe des Lebens!

¹⁵ Ruf doch einfach am Tag der Not nach mir, und dann wirst du sehen, daß ich dich retten werde. Dann kannst du mich ehren, aber nicht mit toten und gequälten Tieren!

¹⁶ Zum Gesindel aber wird Gott sagen: Was zitierst du immer die zehn Gebote und hältst sie nicht?

¹⁷ Die innere Haltung ist dir dazu nämlich verhaßt, den Sinn meiner Gebote akzeptierst du nicht.

[18] Siehst du wie andere Ganoven stehlen und betrügen, so läufst du mit ihnen, denn es tun ja alle! Und wenn du einen geilen Bock siehst, dann machst du es ihm nach, denn das tut doch jeder!

[19] Aus deinem Maul kommen nur Bösartigkeiten, und du stiftest mit deinen Intrigen nur Betrug und Elend an.

[20] Von deinem eigenen Bruder redest du schlecht und verleumdest ihn bei jeder passenden Gelegenheit.

[21] So bist du, das sind deine Taten, und ich soll dazu schweigen? Meinst du, ich bin wie du? Ich halte dir das einmal vor Augen und zeig dir dein Unrecht!

[22] Versteht es doch endlich, ihr Gesindel, die ihr Gott vergessen habt! Wenn nicht, dann werde ich euch zerreißen, und kein Mensch kann euch je retten.

[23] Nur wer mich im Innersten versteht und meine Worte und Gebote hält, ehrt mich. Und nur der, der rechtschaffen und bescheiden lebt, dem zeige ich am Ende meines Weges mich, seinen Gott.

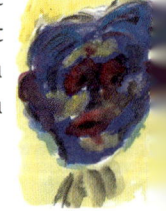

Psalm 51

Guter Ausweg aus der Misere

[für den Chormeister ein Psalm Davids,
als der Prophet Nathan zu ihm kam,
nachdem sich David mit Bathseba
vergangen hatte]

³ *L*ieber Gott, verzeih mir und handle nicht an mir, wie ich es dir gegenüber getan habe!

⁴ Nimm meine so große Schuld von mir und laß meine eigene Schuld nicht über mir zusammenbrechen!

⁵ Denn jetzt erkenne ich meine Boshaftigkeiten, und mein unentschuldbares Tun steht mir deutlich vor Augen.

⁶ Ich habe alles falsch gemacht, was möglich war und weiß sehr wohl, daß ich gegen deine Gebote verstoßen habe. Du hast recht, lieber Gott, nicht ich und du gabst mir ein Gewissen als gerechter Richter.

⁷ Ich habe viel Schuld auf mich geladen, und ich fühle, daß ich mit eigener Hilfe nicht daraus hervorgehen kann.

⁸ Dir, lieber Gott, gefällt ein einfaches Gemüt, das

in Stille und Bescheidenheit an dich denkt. Nur so in der Abgeschiedenheit meines eigenen Inneren hast du mich deine Weisheit und deine Gesetze gelehrt.

⁹ Nimm bitte meine Schuld von mir und wirf meinen geistigen Kehricht aus meinem Kopf hinaus, daß ich endlich wieder klar denken kann.

¹⁰ Erfülle mich doch bitte wieder mit deiner Freude und all das, was mutlos dalag, soll in Freude wieder aufstehen.

¹¹ Schau bitte nicht genau hin auf meine Schuld, schau vielmehr gütig darüber hinweg und laß mich wieder reinen Tisch machen mit dir!

¹² Bitte mach mir wieder ein reines Herz und verleih mir wieder eine einfache Denkart.

¹³ Wende dich doch nicht von mir ab, denn ohne dich verderbe ich und laß ein klein wenig von deinem Gottesgeist in meiner Nähe!

¹⁴ Mach mich wieder froh und fröhlich im Bewußtsein, in deiner Nähe zu sein und nimm mir meinen widerspenstigen Geist!

¹⁵ Dann werde ich sogar den schlimmsten Atheisten von dir erzählen können, und selbst das übelste Gesindel wird wieder zu dir zurückkehren.

¹⁶ Befreie mich vom ewigen Bewußtsein der Schuld, du lieber Gott, dann kann ich ohne Angst mit dir sprechen und dich verstehen.

¹⁷ Herr, gib mir einfach Geist und Verstand, um anderen zur rechten Zeit von dir erzählen zu können.

¹⁸ Du willst keine unschuldigen Tiere als Opfergaben haben, du magst den Tod der Kreatur nicht, die angeblich deinen Zorn damit besänftigen soll. Im Gegenteil!

¹⁹ Was dir, Gott, alleine gefällt ist Bescheidenheit, Demut, Reue über angestelltes Unheil und Freundlichkeit gegen jedermann. Du liebst die Güte, lieber Gott, und die verschmähst du nie!

²⁰ Tu Gutes an uns Menschen und gib uns unsere Zuversicht wieder!

²¹ Wenn wir eine gütige Gesinnung dir und unserem Mitmenschen gegenüber wieder haben, dann wirst du über vieles hinwegsehen, was wir vielleicht mit unseren beschränkten Augen falsch machen oder gar irrtümlich meinen, es in deinem Sinne zu tun!

Psalm 52
Keine Überheblichkeit

[für den Chormeister,
ein Weisheitslied Davids]

 ³ Was prahlst du denn immer von deiner Boshaftigkeit, du mieser Gewaltmensch, was bist du für ein mieser Prachtkerl, verglichen mit all den kleinen Geistern neben dir!

⁴ Du mieses Schwein, du planst nur das Verderben von anderen, und mit deiner Formulierungskunst kannst du Unrecht zu Recht machen.

⁵ Du bist geradezu verliebt in jede Boshaftigkeit, und alles Gute, jede Güte ist dir suspekt. Du lügst, wenn du den Mund auftust.

⁶ Du liebst ganz besonders die Intrige, du böse Kreatur.

⁷ Paß auf, der liebe Gott wird auch dich einmal packen und aus deiner Position herausreißen und dich im übrigen auf den Misthaufen der Geschichte werfen.

⁸ Die von dir Gemaßregelten werden es selbst dann sehen und endlich einmal lachen können und sagen:

⁹ ‚Da schau hin, das ist diese Figur, die nichts und
niemand gefürchtet hatte, auch Gott nicht! Er hat nur
auf seinen Posten gebaut, auf seinen Reichtum gesetzt und geglaubt, daß das Unrecht ewig dauert!‘

¹⁰ Ich möchte aber gerne in der Nähe Gottes sein
wie ein grünender Baum und möchte mich für immer und ewig auf Gott verlassen.

¹¹ Dankeschön, lieber Gott, danke für immer, denn du hast das alles so gemacht. Ich
vertraue und hoffe auf dich im Kreis der Kleinen und Unwichtigen. Du bist nämlich allein
gütig.

Psalm 53
Über die ewige Dummheit

[für den Chormeister.
Ein Weisheitslied Davids]

² Es gibt bescheidene Geister, die sagen: ‚Es gibt keinen Gott.' Sie wissen nicht, was sie tun, und ihr Tun ist meist mies. Gutes tun sie kaum.

³ Der liebe Gott schaut vom Himmel herunter und prüft, ob da noch ein Verständiger ist, der ihn sucht.

⁴ Fast alle sind sie Atheisten geworden und nur noch auf ihr Ich bezogen, kaum einer tut noch von Herzen Gutes, manchmal, denkt man, nicht ein einziger.

⁵ Dieses Gesindel weiß nichts anderes als Böses zu tun. Sie fressen wie blödes Vieh alles Brot den Armen weg. Sie wollen ja nicht einmal die einfachsten Grundsätze des Lebens kennen.

⁶ Sie sollen sich fürchten, wo sie keinen Grund dafür sehen. Schrecken soll plötzlich auf sie fallen, und der Schöpfer wird ihre Knochen in alle Winde werfen, und weil sie Böses taten, schicke ich sie weg in die Trostlosigkeit.

Ich werde sie scheitern lassen, denn sie haben den Respekt vor mir und meiner Schöpfung verloren.

7 Ach käme doch die Einsicht wie ein Regen für uns arme Menschen. Erst dann, wenn du, lieber Gott, das Schicksal der armen Menschen wenden wirst, erst dann werden wir ganz froh sein über dich.

Psalm 54

In Gottes Namen

[für den Chormeister mit Saitenspiel.
Ein Weisheitslied Davids]

³ Hilf du mir, lieber Gott, allein dadurch, daß du da bist und schaff mir Gerechtigkeit in deinem Namen!

⁴ Lieber Gott, höre endlich auf mich und versteh endlich, was ich dir sagen muß!

⁵ Denn böses, stolzes und widerwärtiges Gesindel zeigt mich an, freches, widerwärtiges Volk trachtet mir nach meinem guten Ruf und nach meinem Leben. Sie sind gottlos und hassen dich!

⁶ Du, lieber Gott, bist der einzige, der mir helfen kann, du kannst allein mein Leben erhalten.

⁷ Laß doch auf dieses bösartige Gesindel alles Unrecht, das sie mir zufügen wollen, zurückfallen. Du bist doch der liebe Gott, also zerschlage sie!

⁸ Ich bin dir dankbar dafür und freue mich darüber, denn ich weiß, lieber Gott, du bist allmächtig und ich bin schwach und von dir abhängig.

⁹ Ich habe den Eindruck, daß du mich aus meiner Not wieder herausreißen wirst, und schon geht es mir besser: Ich kann wieder ruhigen Auges auf die bösen Menschen herabsehen und ihr Tun abschätzen.

Psalm 55

Bitte um Einsicht für alle

[für den Chormeister mit Saitenspiel,
ein Weisheitslied Davids]

² Hör endlich, lieber Gott, wenn ich zu dir rufe! Versteck dich doch nicht einfach vor mir und laß mich ins Leere laufen!

³ Paß endlich auf mich auf und hör auf mich! Ich habe Angst, bin unruhig und hadere mit meinem Schicksal!

⁴ Die Boshaftigkeit um mich herum verstört mich völlig, mir ist bitter angst, weil die ewige Dummheit um mich herum alles arg bedrängt! Die Idioten bedrängen mich mit allerlei Verleumdung, und ihr Haß ist ohne Ende.

⁵ Vor lauter Angst schlägt mein Herz Kapriolen, ist bin voll von Angstschweiß und Todesangst.

⁶ Furcht und Schrecken sind mir in die Glieder gefahren, und ich weiß vor Entsetzen nicht mehr wohin.

⁷ Da dachte ich bei mir: ‚Wenn ich doch Flügel hätte wie ein Vogel, dann flöge ich fort und hätte meine Ruhe vor dieser Welt.‘

[8] Weit fort möchte ich am liebsten fliegen, die Nacht würde ich am liebsten allein draußen in der unendlichen Wüste verbringen, um keinen Menschen und sonst kein Wesen zu sehen und zu hören.

[9] Ich möchte an einem endgültig sicheren Ort sein, wo ich vor allen bösen Wettern, Stürmen und Bedrängnissen sicher bin.

[10] Mach doch, lieber Gott, daß das Gesindel sich untereinander beginnt zu streiten und laß sie keinen gemeinsamen Nenner finden. Überall sehe ich nur Gewalt und Haß, zuerst gegen mich. Laß sie sich doch untereinander hassen!

[11] Wenn man um sie herum ist bei Tag und Nacht merkt man nur Unheil und Elend.

[12] Bei diesem Gesindel herrscht nur Verderben, Betrug, Unterdrückung, und diese feinen Eigenschaften lassen sie jeden spüren!

[13] Wenn mich ein erklärter Feind beschimpfen würde, das würde ich ertragen; und ein Mann, der mich haßt und der bösartig gegen mich auftritt, gegen den könnte ich mich ja noch wehren.

[14] Nein, es ist ein Mensch aus meiner nächsten Umgebung, ein sogenannter Freund, ein Vertrauter.

[15] Einer mit dem ich in Freundschaft verbunden war, gemeinsame Gespräche geführt habe und

glaubte, auf derselben Höhe miteinander gesprochen zu haben.

16 Der Teufel soll sie holen, sie sollen von mir aus krepieren, solche Menschen! In ihren Häusern und in ihren Herzen sind sie voll heimlicher Bosheit und Falschheit.

17 Ich aber will zu dir, lieber Gott, rufen und um deine Hilfe bitten.

18 Am Morgen, am Mittag und am Abend stöhne und seufze ich zu dir, höre auf mein Klagen und Rufen.

19 Ich weiß, du befreist mich eines Tages und bringst mein Leben in Sicherheit vor denen, deren Ziel es ist, gegen Schwächere anzukämpfen, und derer sind unzählige! Es werden immer mehr!

20 Aber du, lieber Gott, du hörst mich, und du wirst sie zurückdrängen, denn du bist unser aller Gott seit Ewigkeit in Ewigkeit. Das Gesindel, das mich bedrängt, ist aber uneinsichtig, und sie fürchten den Ewigen nicht.

21 Sieh doch, lieber Gott, der Teufel legt Hand an deine Untergebenen und Gläubigen, spottet über jede Religiosität!

22 Glatt wie Butter sind seine intelligenten Reden, doch in seinem Inneren ist er auf nichts anderes aus als auf Zwietracht und Streit. Seine wohlüberlegten

Worte gehen wie Öl hinunter, aber sie sind schärfer als blanke Messer!

²³ Du aber, lieber Gott, wirst ihn eines Tages mit einem Tritt in die tiefste dunkle Grube befördern.

²⁴ Gewalttätiges, betrügerisches Gesindel wird nie gut leben können, da sie immer auf der Flucht sind. Ich aber setze mein Vertrauen allein auf dich.

²⁵ Ich werfe alle Sorgen auf dich, lieber Gott, du hältst jeden Menschen aufrecht und ermutigst ihn! Du läßt Menschen, die Gerechtes tun, niemals wanken und straucheln!

Psalm 56

Buchhalter des Elends – hilf

[für den Chormeister. Ein Lied Davids.
Aus der Zeit, als die Philister ihn
in Gat ergriffen]

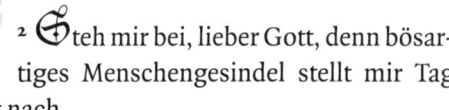

² Steh mir bei, lieber Gott, denn bösartiges Menschengesindel stellt mir Tag und Nacht nach.

³ Tagtäglich stellen sich meine Widersacher gegen mich auf, ja, es sind so viele, die mich mit hochmütiger Überlegenheit behandeln und schädigen wollen.

⁴ Jeden Tag, an dem ich mich fürchten muß, setze ich auf dich mein Vertrauen.

⁵ Ich habe mir vorgenommen, nur auf dich zu vertrauen und fürchte mich deshalb nicht. Können bösartige Menschen mir neben dem Leib auch an den Geist oder an die Seele?

⁶ Sie verdrehen alles, was ich gesagt und getan habe, um mir zu schaden.

⁷ Sie belauern mich, spähen mich aus und beobachten jeden einzelnen meiner Schritte, sie trachten mir stündlich nach dem Leben.

⁸ Sie sind Abfall, sie sind es und sie bleiben es. Tritt ihnen doch, lieber Gott, endlich einmal in die Fresse!

⁹ Du kennst mein Elend. Führe einmal Buch über alles Elend, was ich durch diese Menschen ertragen mußte und halte es fest!

¹⁰ Irgendwann kommt die Zeit, daß dieses Gesindel zittern muß, wenn ich dich, lieber Gott, als meinen Zeugen herrufe. Dann wirst du gegen sie Zeugnis ablegen!

¹¹ Ich freue mich dann auf das Wort, das aus deinem Mund kommt, lieber Gott.

¹² Ich vertraue ganz auf dich und bekämpfe meine Furcht, wo ich kann. Ich sage bei mir: Die Menschen können mir nur schaden, aber mich vernichten?

¹³ Wenn du mir hilfst, daß ich nicht untergehe, dann, lieber Gott, schulde ich dir mein ganzes Leben, und ich werde dir bis zum letzten Atemzug dankbar sein.

¹⁴ Denn dann hast du mein Leben aus den Fängen dieser todbringenden Menschen herausgerissen und hast geholfen, daß ich nicht abgestürzt bin. So gehe ich weiter vor dir meinen kleinen Weg und hoffe in deinem Licht weitergehen zu dürfen.

Psalm 57

Urvertrauen

[für den Chormeister. Ein Lied Davids,
als er vor Saul in die Höhle floh]

² **N**imm mich auf, lieber Gott, und hilf mir, denn ich flüchte zu dir. Ich hoffe, daß ich in deiner Nähe Zuflucht finde, bis meine Feinde an mir vorbeigezogen sind.

³ Ich rufe zu dir, lieber Gott, dem Wichtigsten und Höchsten, was ich habe, ich rufe um Beistand!

⁴ Bitte hilf mir von deinem Himmel her, denn meine bösartigen Feinde sagen mir alles Böse und Üble nach. Bitte schick mir doch ein Zeichen deiner Güte und Treue!

⁵ Schau, ich sitze mitten unter reißenden Löwen, die hungrig auf Menschenfleisch sind. Die Löwenzähne sind wie die giftigen Pfeile meiner Verfolger, und ihre bösen Nachreden sind schärfer als jedes Messer.

⁶ Mit jedem Schritt, den ich tue, versuchen sie mir ein Bein zu stellen, und langsam bin ich ganz depressiv geworden. Sie haben mir mein Grab schon ausgehoben – aber sie fielen Gott sei Dank selbst hinein.

⁷ Lieber Gott, zeig dich doch auf dieser Erde oder im Himmel, zeige dich allen, die dich sehen wollen!

⁸ Mein ganzes Inneres wartet auf dich und sehnt sich nach dir. Ich rufe zu dir und möchte so gerne bei dir sein.

⁹ Wach doch einfach auf, meine Seele, mein Inneres, hör doch endlich zu und fang an zu singen! Ich will wie das Morgenrot sein und in aller Herrgottsfrühe schon an dich denken.

¹⁰ Ich will dich vor jedem, der es hören will oder nicht, in allen Tönen und Höhen lobpreisen.

¹¹ Ich meine, daß du so gut bist, so weit der Himmel ist und deine Treue so ist wie die Wolken am Himmel, die über die Welt ziehen.

¹² Zeig dich doch endlich, lieber Gott, zeigt dich allen, die dich sehen und erleben möchten auf der ganzen Welt, wessen Glaubens sie auch sind!

Psalm 58

Gegen ungerechtes juristisches Gesindel

[für den Chormeister nach der Weise
‚Zerstöre nicht!'. Ein Lied Davids]

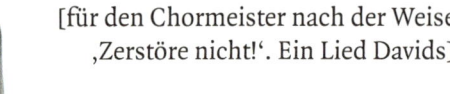

² Sprecht ihr wirklich Recht, ihr Be-
herrscher der Welt? Seid ihr sicher, daß
ihr die Menschen in Gerechtigkeit richtet?

³ Ich glaube nicht, denn ihr tut auf dieser Welt,
was euch in den Kopf kommt. Euer Herz ist nämlich
voll Bosheit; eure Hände sind blutverschmiert und
weisen nicht auf Unschuld hin!

⁴ Das Ganovengesindel ist von Geburt an schlecht
und treulos, sie sind Gewohnheitsverbrecher und lügen ohne Ende.

⁵ Sie versprühen ihre Gefährlichkeiten wie das
Gift einer bösartigen Natter,

⁶ die nicht einmal mehr auf die Stimme ihres
Schlangenbeschwörers hört, der seine Zaubersprü-
che auf sie losläßt.

⁷ Lieber Gott, schlag ihnen ihre Zähne mit einem
schweren Eisenhammer ein. Zerschlage, lieber Gott,
das Gebiß dieser gefährlichen Löwen!

⁸ Wie verdampfendes Wasser sollen sie sich in

Nichts auflösen, wie verdorrtes Gras am Wegrand umkommen.

⁹ Sie sollen verrecken wie eine Schnecke, die im eigenen Schleim ersäuft, und wie eine Fehlgeburt sollen sie das Licht der Sonne gar nicht erst sehen!

¹⁰ Bevor dieses dornige Brennmaterial eure Kochtöpfe wärmt, fegt es der Wind in alle Richtungen auseinander.

¹¹ Dann kann ich mich auch einmal freuen, wenn's den Ganoven schlecht geht und kann mit Genugtuung zusehen, wie auch sie einmal bluten!

¹² Dann werden die Menschen sagen: ‚Die Gerechtigkeit kommt doch noch zum Zuge, und es gibt noch einen Gott, der gerecht ist!'

Psalm 59
Ein Schutz im Elend

[für den Chormeister nach der Weise
‚Zerstöre nicht!'. Ein Lied Davids]

² Hilf mir doch, lieber Gott, vor meinen Feinden und vor denen, die mich hassen, bewahre mich.

³ Rette mich bitte vor dem Gesindel um mich her und vor gewalttätigen, blutlüsternen Menschen bewahre mich.

⁴ Sie trachten mir alle nach dem Leben, je einflußreicher und mächtiger, desto mehr. Ich habe aber nichts getan, lieber Gott, was dies rechtfertigt.

⁵ Ich habe keine schlimme Schuld an mir, und trotzdem greifen sie mich täglich zu jeder Gelegenheit an. Wach doch auf, lieber Gott, ich nimm dich bei der Hand und zeige dir, was wirklich passiert.

⁶ Du bist doch der Gott der Stärke und des Rechts. Steh doch auf und biete dem Einhalt, zeig doch den Ganoven ihre Grenzen.

⁷ Jeden Abend kommen sie wieder, bellen und knurren wie die Hunde und umkreisen meine Wohnung.

⁸ Hör doch, lieber Gott, was sie für Reden führen und wie sie zueinander sagen: ‚Wer hört das, was wir aushecken?‘

⁹ Du, lieber Gott, kannst darüber lachen, denn dieses ganze menschliche Gesindel kannst du verspotten.

¹⁰ Du bist meine einzige Zuflucht, und ich schaue nur auf dich, lieber Gott, du hast hoffentlich Mitleid mit mir.

¹¹ Komm, hilf mir und gib mir die Genugtuung, auch einmal über meine Feinde zu siegen.

¹² Schaff sie weg, Gott, daß sie nicht noch andere Menschen, unschuldige, umbringen werden, schüttle sie doch einfach einmal kräftig durch und wirf sie auf den Boden, sei nicht nur ein lieber Gott, sondern auch ein starker!

¹³ Wenn das Gesindel schon den Mund aufmacht, kommt Boshaftigkeit, Lüge und Intrige heraus. Sie sollen an ihren eigenen Intrigen schlicht ersticken!

¹⁴ Schick sie zum Teufel, tritt sie in ihre Fressen, auf daß sie verschwinden und endlich kapieren, daß nur du, lieber Gott, die einzige Autorität bist auf der ganzen Erde und im Himmel.

¹⁵ Jeden Abend kommen sie, sie knurren und kläffen wie die Hunde und umkreisen meine Wohnung,

¹⁶ sie stromern herum, suchen nach Fressen und

heulen wie die Schakale, wenn sie nichts Gescheites finden.

¹⁷ Ich aber bin froh darüber, daß du, lieber Gott, mir versprochen hast, immer für mich da zu sein, auch wenn's mir schlecht geht.

¹⁸ Du bist zum einzigen Halt geworden, denk daran, wenn du deine Versprechungen nicht hältst, dann falle ich unwiderbringlich.

Psalm 60

Bitte um Ruhe und Sicherheit

[für den Chormeister. Ein Lied Davids,
als Saul ihn schickte und man das
Haus bewachte, um ihn zu töten]

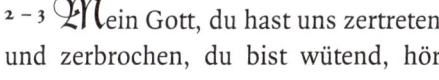

²⁻³ Mein Gott, du hast uns zertreten
und zerbrochen, du bist wütend, hör
doch auf damit!

⁴ Du hast die Erde erschüttert, in Scherben geschlagen, halt ein, sieh doch, die Erde zerfällt.

⁵ Auf uns allen lastet eine unbegreifliche Melan-
cholie, und wir laufen wie Besoffene auf dieser Welt
herum.

⁶ Gott sei Dank hast du auch denen, die auf dich
hoffen, ein kleines bißchen Zuversicht zurückgelas-
sen, in die sie sich flüchten können.

⁷ Es gibt welche, die du magst und retten willst.
Also komm und hilf, hör auf mich!

⁸ Du hast doch irgendwann einmal von dir gesagt,
daß du das ganze Land teilen willst, gerecht aufteilen
und jedem von uns ein Wohnrecht geben möchtest.

⁹ Du hast gesagt, daß dir das ganze Land gehört,
es uns aber zeit unseres Lebens überlassen willst.

¹⁰ Das ganze Land hast du uns zum Wohnen und Arbeiten gegeben und hast die ursprünglichen Besitzer wegen mir enteignet.

¹¹ Bist du sicher, daß ich hier sorglos leben darf? Wer gibt mir dafür die Garantie?

¹² Wer kann uns denn helfen, wenn du, lieber Gott, der das alles geplant und ausgeführt hat, mit Rat und Tat nicht mehr unterstützest?

¹³ Also, jetzt ist es an dir, uns gegen alle möglichen Feinde zu helfen, denn bei den Menschen suche ich keine Unterstützung, weil hier alles umsonst ist.

¹⁴ Nur mit deiner Hilfe kann ich tapfer weiterkämpfen in diesem Leben und du wirst, so hoffe ich, dafür sorgen, daß das Böse bei mir nicht überhand nimmt.

Psalm 61

Bitte um Zuflucht

[für den Chormeister. Ein Lied Davids
zum Lehren, als er mit den Aramäern von
Mesopotamien und den Aramäern
vor Zoba kämpfte und als Joab
umkehrte und die Edomiter
im Salztal schlug, 12 000 Mann]

1 – 3 Höre endlich, du Gott, hör auf
mein Rufen und achte endlich auf das,
was ich dir sage. Aus dem letzten Winkel dieser Erde
schreie ich zu dir, weil ich Angst habe. Ich hoffe, daß
du mich aus diesem Loch befreist, mich herausholst
und mir endlich Ruhe schenkst.

4 Du sollst mein Schutz sein wie ein großer Turm,
vor dem meine Feinde machtlos stehen.

5 Ich wünsche mir nichts mehr, als in deiner Nähe
zu sein, lieber Gott, ich will nur eines, nämlich mich
zu dir flüchten!

6 Du hast nämlich gehört, was ich dir schon so oft
versprochen habe, und hast mir versichert, daß ich
bei dir bleiben darf, weil ich dich als mein höchstes
Gut anerkenne.

7 So gib mir zu meinem bisherigen elenden Leben

gute Tage hinzu und laß mich länger leben als die,
die mir nach dem Leben trachten.

8 Leben für alle Zeiten möchte ich
unter deinen Augen und möchte, daß
sich das nie ändert.

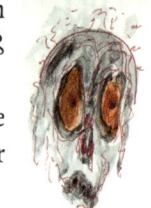

9 Ich will jeden Tag dir vor Freude
singen und all das tun, was du von mir
erwartest, Tag um Tag.

Psalm 62

In Gottes Frieden

[für den Chormeister.
Ein Psalm Davids]

² Nur in dir, lieber Gott, habe ich Ruhe und nur aus dir heraus kann ich gesund werden.

³ Du bist der einzige sichere und verläßliche Punkt in meinem Leben, mein Schutz davor, zu stolpern und schwer hinzufallen.

⁴ Wie lange wollt ihr Gesindel noch einen kleinen Menschen wie mich zusammentreten? Wie lange noch wollt ihr gegen mich Sturm laufen und mich wie eine Gartenmauer umwerfen?

⁵ Ihr wollt mich aus meiner Ruhe und Einsamkeit stoßen, ihr wollt dies mit übler Verleumdung zuwege bringen. Zwar sagt ihr nach außen hin freundliche Worte, aber in eurem Inneren ist Fluch und Bösartigkeit.

⁶ In dir, lieber Gott, allein suche ich die Ruhe und den Frieden, den ich benötige, und alle Hoffnung steht nur bei dir.

⁷ Du bist der feste, einzige Punkt in meinem Le-

ben, wo ich mich anklammern kann und nicht untergehe oder hinfalle.

8 Du bist meine einzige Zuflucht, und der Gedanke daran gibt mir Kraft, Freude und Zuversicht,
durchzuhalten.

9 Meine unruhige und schwache Seele, hoffe auf
den lieben Gott, sag ihm alles, was dich bedrückt
und nur so kannst du sicher sein, weiterleben zu
können.

10 Wir Menschen sind nichts anderes als ein
Windhauch, und kräftige junge Söhne sind auch nur
ein trügerischer Schutz. Wiege das alles doch zusammen, und du wirst sehen, daß alle diese sicheren
Dinge nur ein Lufthauch sind.

11 Glaubt ja nicht, daß Gewalt und Raub auf Dauer
bleiben, und wenn ihr meint, daß ihr eure Herzen an
Reichtümer hängt, dann habt ihr euch
getäuscht. Von Gott habe ich es schon
so oft gehört und sag es noch einmal:
Er hat die Macht, er ganz allein, und
noch etwas: Er vergilt jedem nach
dem, was er getan hat, und nicht nach
dem, was er sagt.

Psalm 63

Sehnsucht nach dem lieben Gott

[ein Psalm Davids,
als er in der Wüste Juda war]

² *L*ieber Gott, ich suche dich, mein ganzes Inneres möchte dich fassen. Ich suche dich, wie ein halb Verdürsteter vom Wasser phantasiert.

³ Ich schaue nach dir in jedem Gotteshaus, um eine Spur von dir zu finden.

⁴ Denn an dir Ewiger auch nur einen kleinen Anteil zu haben in unserem so kurzen Leben ist besser als alles andere.

⁵ Ich freue mich an dir, ewiger Gott, mein Leben lang.

⁶ Wenn ich auch nur in deine ewige Nähe komme, dann wird meine Seele ruhig und zufrieden und ist dir dankbar.

⁷ Ich denke an dich, lieber Gott, in jeder Nacht, und wenn ich dann aufwache noch umso mehr.

⁸ Ja, lieber Gott, du bist der einzige, der mich ruhig und zufrieden machen kann.

⁹ Meine ewige Seele hängt in einem verderblichen

Leib und alles möchte zu dir, möchte, daß du mich
wie ein kleines Kind an der Hand führst.

¹⁰ Es gibt sehr viele Menschen, die mich hassen
und mich nicht mehr leben lassen wollen, aber sie
gehen seelenlos in ihrem kurzen Dasein unter.

¹¹ Und wenn sie nicht so sterben, dann gehen sie
einem gewaltsamen Tod entgegen.

¹² Jeder soll sich an Gott freuen! Jeder kann sich auf ihn berufen, und die
ihn verspotten und verleugnen, denen
wird ihr Spott irgendwann einmal im
Hals steckenbleiben.

Psalm 64

Unter dem Schutz des Größten

[für den Chormeister,
ein Psalm Davids]

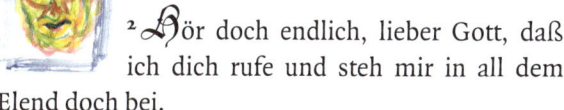

² Hör doch endlich, lieber Gott, daß ich dich rufe und steh mir in all dem Elend doch bei.

³ Mach mich doch einfach unsichtbar, wenn das ganze böse Gesindel auf mich eindrischt.

⁴ Sie können bestens über andere herziehen und denjenigen, die ihnen nicht passen, das Leben und das Herz schwer machen.

⁵ Jeden Ahnungslosen können sie aus dem Hinterhalt treffen. Das Gesindel schießt sich auf jeden ein und scheut sich nicht, ihnen ihr Leben zu zerstören.

⁶ Sie sind fest entschlossen, nichts anderes zu tun als Böses, sie planen, anderen Menschen Fallen zu stellen und sind sich dessen bewußt: ‚Wer kann uns schon was antun?'

⁷ Sie haben nichts anderes als Boshaftigkeit im Kopf und halten ihre Pläne, anderen zu schaden, geheim. Aber in ihrem Inneren sind sie abgrundtief böse, und ihr Herz ist ein stinkender Misthaufen!

⁸ Irgendwann einmal gräbst du sie, lieber Gott, dort hinein, und dann merken sie's am eigenen Leibe!

⁹ Ihre eigene Bösartigkeit fällt auf sie einmal zurück, und dann können alle, die das mit ansehen, den Kopf schütteln.

¹⁰ Dann endlich fangen alle Menschen an, sich an den Kopf zu fassen: Was haben wir gemacht? Wir haben den lieben Gott verleugnet!

¹¹ Der aber, der sich an dir, lieber Gott, und deinen Gesetzen gefreut hat, der kann ruhig in die Zukunft blicken. Zusammen mit ihm auch alle die, die sich mit redlichem Herzen nach deinen Vorschriften gerichtet haben.

Psalm **65**

Danke für alles

[für den Chormeister.
Ein Psalm Davids. Ein Lied]

 ² Danke, lieber Gott, wo du auch bist. Alles was ich dir versprochen habe möchte ich halten.

³ Du hörst auf das, was ich dir sage, und alle Menschen, die unter Angst und Elend zu leiden haben, dürfen zu dir kommen.

⁴ Unser Elend ist zu groß für jeden einzelnen, aber unsere Ängste wirst du heilen.

⁵ Denen geht es gut, denen du deine Gewißheit ins Herz gelegt hast und die sich nie weit von dir, lieber Gott, innerlich entfernt haben. Es ist gut, wenn wir uns in deine Nähe begeben.

⁶ Du vollbringst Staunenswertes, und du hörst uns, du bist allen Menschen eine Zuversicht, wo wir uns auch befinden, in der Enge oder der Weite unseres Daseins.

⁷ Du hast die ganze Welt und alles, was sichtbar ist, gemacht, wie wenn es nichts wäre.

⁸ Du kannst das Tosen der Meere stillen, das Brau-

sen der Wellen und die Stürme, die zwischen den
Völkern so furchtbares Unheil anrichten.

[9] Jeder Mensch, wo er auch lebt, kann mit offenen
Augen dich, Gott, erkennen in deiner Schöpfung.
Rund um die ganze Erde kann jeder Mensch guten
Willens auf dich und deine Werke sehen.

[10] Du sorgst dich doch für alles, für die Natur, für
das Wachsen, das Fruchttragen und das Vergehen
und gibst uns alles, was wir brauchen, in Hülle und
Fülle. Lieber Gott, du hast uns in der Natur so viel
geschenkt, daß wir alle gut davon leben können, so
willst du es zumindest haben.

[11] Du läßt regnen, du läßt wachsen, du läßt
Früchte hervorkommen und schenkst uns alles.

[12] Du erfüllst unsere ganze Zeit mit deiner Fülle,
und wer auf dich vertraut sieht den Überfluß!

[13] Sogar in der verlassensten Wüste kannst du,
Gott, etwas wachsen lassen, und auf den höchsten
Berggipfeln findet sich dein Leben!

[14] Und du bist es, der auf den Weiden
dieser Welt Tiere leben läßt, die zusammen mit der Fülle der Pflanzen uns Menschen unmerklich das Leben ermöglichen. Wir sollten uns daran freuen, aber
da alles das für uns selbstverständlich
ist, tun wir es nicht.

Psalm 66
Zuversicht in Elend und Freude

[für den Chormeister ein Lied,
ein Psalm]

 ² Freut euch, ihr Mitmenschen, an diesem Leben und an der Gewißheit, daß wir in Gott aufgehoben sind.

³ Macht euch doch klar: Die ganze Schöpfung muß euch doch Ehrfurcht einflößen, und alle Gottesleugner müssen sich wegen ihrer Meinung schämen!

⁴ Die ganze Schöpfung zeigt doch deine Handschrift, und bis auf den Menschen weiß das jede Kreatur!

⁵ Kommt doch, ihr Mitmenschen, und schaut darauf, was in dieser Schöpfung alles gemacht wurde. Es ist alles staunenswert!

⁶ Er hat das Meer zurückgedrängt und trockenes Land geschaffen, unsere Vorfahren konnten sogar ohne naß zu werden durch das Rote Meer laufen und freuten sich darüber.

⁷ Er ist nun einmal der Schöpfer und Erhalter jeder Kreatur, und er sieht auch heute jeden Tag auf

das, was er gemacht hat und merkt sehr wohl auf die, die ihn ablehnen!

8 Lobt alle euren Schöpfer, ihr Menschen, und tut dies mit Freude!

9 Er hat uns allen das Leben gegeben und noch dazu die Voraussetzung, es glücklich zu gestalten.

10 Du prüfst unser Inneres und unsere Gesinnung sehr genau, so wie wenn man Silber schmilzt.

11 Du, lieber Gott, hast uns auch schon schwer geprüft und in Bedrängnis gebracht.

12 Du hast es sogar zugelassen, daß Menschen uns ins Gesicht getreten haben. Wir sind durch alle Höhen und Tiefen des Schicksals hindurchgegangen, aber am Ende hast du uns doch geholfen.

13 Ich danke dir dafür und möchte dir sagen, daß es immer so bleibt!

14 Jetzt, wo es mir gut geht, verspreche ich dir dies noch einmal genauso wie damals, als ich im Elend saß.

15 Ich opfere dir mein ganzes Inneres, mein Gemüt und meine Seele. Alles soll dir gehören.

16 Alle Menschen, die dich, lieber Gott, mögen, alle sollen einmütig sagen, was du uns Gutes angetan hast.

17 Zu dir, lieber Gott, hatte ich mit lauter Stimme um Hilfe gerufen und mit Erfolg, denn es geht mir gut.

¹⁸ Wenn ich nur Böses im Sinn gehabt hätte, dann hättest du mich sicherlich nicht aus dem Elend herausgeführt.

¹⁹ Nun aber ist es so, du hast mir geholfen und hast auf meine Bitten geantwortet.

²⁰ Ich danke dir schön, lieber Gott, denn du hast mein Rufen gehört und warst nicht schweigsam!

Psalm 67

Wunsch nach Harmonie

[für den Chormeister. Mit Saitenspiel.
Ein Psalm, ein Lied]

 ² $\mathcal{L}$ieber Gott, laß uns doch einfach leben. Gib uns doch einen Ausweg aus dieser verfahrenen Situation.

³ Es muß doch auf der Erde einen Weg geben, daß alle Menschen dich, deine Schöpfung als das Ziel der Menschen erkennen!

⁴ Die Menschen sollen dich erkennen und dir dankbar sein, Gott.

⁵ Alle Menschen, so unterschiedlich sie auch sind, sollen an dir ihre Freude haben, denn die Gesetzmäßigkeiten, die du uns gegeben hast, sind auf der ganzen Erde für alle Menschen gleich.

Für jedermann gilt gleiches Recht, und du hast dieses allen gegeben, und zwar in gleicher Weise.

⁶ Die Völker sollten dir dafür dankbar sein, lieber Gott, dann hätten sie ein gemeinsames Ziel!

⁷ Die Erde gibt von Anbeginn uns

Menschen die Möglichkeit zu leben, und wir sehen dies alles als eine Selbstverständlichkeit, die ohne dich abläuft! Du bist der Schöpfer und Erhalter. Alle Welt muß das doch einsehen.

Psalm 68
Heilende Hoffnung

[für den Chormeister.
Ein Psalm Davids, ein Lied]

² Du, lieber Gott, läßt manchmal deine Macht aufblitzen, und das arrogante atheistische Gesindel läuft angstvoll auseinander,

³ plötzlich sind sie alle weg, so wie Rauch verfliegt oder wie Wachs am Feuer zerschmilzt, so flüchtig sind sie in all ihrer Bösartigkeit.

⁴ Das was bleibt ist aber die Hoffnung auf dich und auf deine Gerechtigkeit, die uns froh macht.

⁵ Seid doch einfach in Gott nur froh und redet über ihn. Schaut hinaus auf die Wolken und auf den Himmel, und ihr ahnt ein wenig von seiner Größe.

⁶ Der liebe Gott ist die einzige Zuversicht und der feste Halt für die Armen, für Waisen und für solche, die angstvoll allein leben müssen.

⁷ Der liebe Gott kümmert sich um die Verlassenen, um die in sich Gefangenen und die Angstbesetzten, aber die Selbstgerechten und Böswilligen, die läßt er ins Leere laufen.

⁸ Lieber Gott, als du deinem Volk vorangezogen bist in Ägypten, dort in der Wüste, wo es nichts gibt,

⁹ da hast du dich allen Menschen als der Schöpfer gezeigt.

¹⁰ Du hast sogar regnen lassen, hast den Menschen ihre wirkliche und geistige Wüste wieder zum Leben erweckt.

¹¹ Du hast deinen Geschöpfen die Angst weggenommen und hast sogar die ärmsten der Armen unterstützt.

¹² Deine Gesetze haben wir gehört und für richtig erachtet.

¹³ Die Gottesleugner rennen davon in heilloser Flucht. Was bleibt von ihnen übrig?

¹⁴ Was bleibt zurück von eurer alten Denkweise der Angst und der Furcht? Gott hat euch Flügel gegeben, silberne Flügel mit goldenen Federn!

¹⁵ Als der Allmächtige die Gottesleugner vertrieben hatte, wich die Kälte von den Menschen.

¹⁶ Oben auf der Höhe der so gescheiten Philosophen blieb es allerdings kalt, und die Kälte breitete sich unter denen aus.

¹⁷ Warum schaut ihr Menschen denn voll Neid auf diese eiskalten Höhen hinauf? Dort ist seit Menschengedenken keine Heimat für euch, sondern al-

lerhöchstens für den lieben Gott selbst. Dort habt ihr nichts zu suchen und könnt nicht leben!

[18] Die Wege Gottes sind zahllos, ihr könnt sie überall finden. Betretet einen, und ihr werdet am Ende Gott finden.

[19] Du, lieber Gott, versammelst gerne die Menschen um dich herum und freust dich, wenn sie deine Gesetzmäßigkeiten in dieser Welt anerkennen. Das atheistische Gesindel wird sich dir mit Gewalt beugen müssen.

[20] Danke, lieber Gott, jeden Tag, du trägst uns alle und bist unsere einzige Hilfe.

[21] Du bist der Urgrund dessen, der uns Rettung bringen kann, du bewahrst uns sogar vor dem elenden ewigen Tod.

[22] Du hast uns versprochen, der Bösartigkeit der Menschen Einhalt zu gebieten und den üblen Menschen ins Gesicht zu schlagen.

[23] Du hast uns versprochen: ‚Ich bringe euch Menschen aus allen Enden der Welt, selbst aus den Tiefen des Meeres wieder zusammen.'

[24] Du wirst dem respektlosen atheistischen Gesindel ihren Meister zeigen und wirst sie verprügeln wie räudige, bissige Hunde!

[25] Lieber Gott, jeder kann doch sehen, wie du diese Welt gemacht hast:

²⁶ Es gibt Schönheit überall, Malerei, Musik, das Wahre und Gute, und jeder hat daran teil, wenn er will.

²⁷ Setzt euch doch einfach zusammen und sprecht darüber:

²⁸ Vom Kleinsten bis zum Größten, vom Dümmsten bis zum Gescheitesten, vom Ärmsten bis zum Reichsten, alle sind die gleich vor dir!

²⁹ Zeig doch einfach deine Macht, lieber Gott, die du in der Schöpfung uns allen schon erwiesen hast

³⁰ und mach allen Menschen klar, daß du die Ursache unseres Lebens bist.

³¹ Laß doch nicht zu, daß man uns kleine und zerbrechliche Wesen angreift, wehr doch diese Wolfsrudel von uns ab! Sie sind gierig an allem und jedem, nach Besitz und nach dem Blut der Mitmenschen, und jage sie auseinander. Sie sind mit Güte nicht zu bezwingen, sie lieben die Boshaftigkeit und sind in sich aggressiv.

³² So viele Menschen ehren dich, und man baute dir Tempel, Synagogen, Moscheen und Kirchen jeder Art in jeder Zeit.

³³ Ihr Menschen auf dieser Erde, seid doch einfach froh, daß es den lieben Gott gibt, der für euch sorgt!

³⁴ Einer der droben über den Himmeln unsicht-

bar thront, der da ist und dessen Stimme in der Schöpfung unüberhörbar ist.

³⁵ Freut euch doch einfach an dieser Schöpfung! Über alle Menschen ragt deine Macht, lieber Gott, tausendfach empor wie Wolken und der blaue Himmel!

³⁶ Diese Welt ist voll von deinen Wundern, die wir täglich sehen und erleben dürfen. Alles lebt und du erhältst alles am Leben. Danke.

Psalm 69

In Leid undNot

[für den Chormeister nach der Weise
‚Lilien‘ von David]

 ² Hilf mir, lieber Gott, das Wasser steht mir bis an den Hals.

³ Ich bin bereits im tiefsten Schlamm versunken und weiß nicht mehr, wo ich mich festhalten soll. Ich stürzte in das tiefste Wasser, und die Strömung reißt mich davon.

⁴ Ich bin müde geworden vom Rufen nach dir, meine Stimme versagt mir, ich sehe nichts mehr und ich sitze im Dunkeln und warte auf dich, mein Gott.

⁵ Mehr Feinde habe ich wegen dir als Haare auf meinem Kopf! Es gibt nur mehr verlogene Freunde für mich, die mich wegen allem, was möglich ist, beschuldigen.

⁶ Lieber Gott, du weißt, daß ich nicht der weise Philosoph bin und vieles im Leben falsch gemacht habe.

⁷ Aber derjenige, der sich an dich klammert, lieber Gott, der darf nicht untergehen, und wer dich sucht, darf nicht im Elend verkommen.

⁸ Ich bin wegen dir in Schande und Elend gekommen.

⁹ Selbst meine eigene Familie will nichts mehr mit mir zu tun haben, nur weil ich dich, lieber Gott, als das Höchste für mich ansehe.

¹⁰ Ich bin dein treuer Gefolgsmann geworden, und dafür habe ich überall nur Schlimmes einstekken müssen.

¹¹ Als treuer Mensch habe ich mich nach deinen Geboten gerichtet, doch man hat nur über mich gelacht.

¹² Ich habe bescheiden gelebt und mich überall zurückgehalten, aber die Folge war Spott und Hohn!

¹³ Man lachte über den dummen und einfältigen Gottgläubigen, und selbst die Säufer in den Wirtshäusern spotten über mich.

¹⁴ Ich aber halte nach wie vor zu dir, lieber Gott, hör doch auf mich und hilf mir, belohne meine Treue durch deine Treue!

¹⁵ Reiß mich aus dem elenden Sumpf heraus bevor ich ganz versinke und zieh mich aus dem tiefen Wasser heraus.

¹⁶ Laß es doch nicht zu, daß die Wellen über mir zusammenschlagen und daß ich versaufe wie eine Ratte oder daß ich in den Brunnenschacht hineinfalle, ohne wieder herauskommen zu können.

[17] Hör bitte, lieber Gott, auf mich und zeige dich, hilf mir!

[18] Versteck dich doch nicht vor mir, vor mir kleinem, elenden Wicht, der nur angstbesetzt ist. Hilf sofort!

[19] Sei mir endlich nahe und löse meine Ängste auf und laß mich wieder fröhlich werden, wenn auch meine Feinde mich zerreißen wollen.

[20] Du kennst mich, meine Angst und mein Elend, aber du kennst auch die Umstände, die dazu geführt haben und das böse Gesindel, das sich gegen mich verschworen hat.

[21] Ich bin gedemütigt vor lauter Boshaftigkeit und durch die dauernden Vorwürfe krank geworden. Ich habe gehofft, daß man mich in Ruhe läßt oder daß mir jemand ein gutes Wort gibt, aber Fehlanzeige!

[22] Man gab mir Essen und Trinken, Gift und Essig!

[23] Diese großartigen Rechtgläubigen sollen zum Teufel gehen, und ihre Kirchlichkeit soll ihnen im Hals stecken bleiben!

[24] Laß dieses Volk doch einfach blind und lahm werden.

[25] Zeig ihnen doch, daß diese Rechtgläubigkeit mit dir, lieber Gott, überhaupt nichts zu tun hat!

[26] Sie sollen in ihren leeren Kirchenbänken ver-

einsamen und an ihren barocken Pompfesten sollen
sie an ihrer Einsamkeit Angst bekommen.

²⁷ Sie verfolgen nämlich einen Menschen, mich,
der schon am Boden liegt und treten auf den ein, der
eigentlich durch deine fehlende Hilfe schon genug
zu leiden hat.

²⁸ Verzeih ihnen ihre Schulden nicht und gib ihnen nicht die Gewißheit, gar noch gerecht zu sein.

²⁹ Streich sie doch aus deiner Liste der Gerechten,
wenn sie schon so selbstsicher in ihrer Religion auftreten!

³⁰ Ich bin übel dran, habe Schmerzen ohne Ende,
und mir bleibt nur eines, nämlich auf dich zu hoffen.

³¹ Ich will trotz allem Elend mich an dich hängen
und über dich froh sein und dir danken.

³² Das gefällt dir, lieber Gott, nämlich mehr, als
wenn ich alle möglichen äußerlichen Kirchengebote
mit großer Genauigkeit einhalte.

³³ Schaut her, ihr elenden und angstbesetzten
Mitmenschen und fangt an, euch wieder zu freuen
und faßt Mut!

³⁴ Gott hört nämlich auf die Armen und er verachtet die nicht, die vor lauter Angst nicht mehr weiter
wissen!

³⁵ Die ganze Schöpfung soll ihn dafür loben und

ihn preisen, alles was in der Luft, auf der Erde und im Meer ist.

36 Der liebe Gott wird allen helfen, und selbst die verlorenste Existenz wird er wieder aufbauen. Alle Menschen werden angstfrei leben und bleiben, wo sie hingestellt sind. Und auch in Zukunft wird es so sein, daß die Menschen, die dich lieben, sicher vor allem Elend sind.

Psalm 70

Bitte in Armut

[für den Chormeister von David
zum Weihrauchopfer]

² *L*ieber Gott, komm endlich her und hilf mir, ich stecke tief im Elend!

³ Bitte mach doch einmal, daß die Leute, die mir nach dem Leben trachten, zum Teufel gehen! Sie sollen verschwinden und sich schämen, dieses Gesindel, das sich über das Unglück anderer Menschen freut.

⁴ Sie sollen tief beschämt werden, die nichts anderes tun als lachen, höhnen und tuscheln: ‚Dem Deppen geschieht es doch recht!'

⁵ Alle die dich suchen sollen sich freuen und werden in Zuversicht leben. Die dich mögen werden ein Leben lang sagen können: ‚Lieber Gott, du bist groß und gerecht!'

⁶ Ich bin nur ein armer, kranker Schlucker, einer dem du helfen mußt! Du bist derjenige, auf den ich setze, also hilf mir, und das bald!

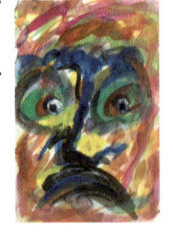

Psalm 71
Zuflucht im Alter

1 *L*ieber Gott, ich suche meinen einzigen Halt bei dir, bitte laß mich nicht scheitern!

2 Ganz einfach: Hilf mir, weil man sagt und ich auch weiß, daß du gerecht bist!

3 Sei du mir ein sicherer Ort, wo ich immer und überall dich erreichen kann und darf. Du hast es mir nämlich versprochen, mir zu helfen, also halte ich mich daran und du bitte dich auch!

4 Lieber Gott, hilf mir vor Ganoven, Schurken, gemeinen falschen und bösartigen Freunden und Feinden!

5 Lieber Gott, auf dich habe ich immer gehofft und tu es auch heute noch, du bist meine Hoffnung, seit ich denken kann. Schon vor meiner Geburt war ich in deinen Händen, und seit ich auf dieser Welt bin, bist du mein Beschützer, und ich danke dir dafür.

7 Für die meisten Menschen bin ich ein Idiot, der an Gott glaubt, aber du bist trotzdem meine Zuversicht!

8 Ich möchte dir jeden Tag danke sagen, und ich freue mich jeden Tag an dir.

9 Laß mich nicht zugrunde gehen, wenn ich alt

bin und hilf mir dann ganz besonders, wenn meine Kräfte nachlassen.

¹⁰ Meine sogenannten Freunde reden schlecht über mich, sie passen auf, daß ich ja einmal etwas falsch mache, um mich umso sicherer zu verderben.

¹¹ Sie höhnen über mich und sagen: ‚Der vertraut auf den lieben Gott, der Idiot! Werft ihn doch hinaus, dann habt ihr Ruhe!'

¹² Lieber Gott, laß das nicht zu und komm endlich und hilf mir!

¹³ Dieses Gesindel, das mich grundlos bedrängt, soll zum Teufel gehen, und du zeig ihnen den Weg dorthin! Sie sollen selbst am eigenen Leib einmal spüren, was es heißt, andere ins Unglück zu stürzen.

¹⁴ Ich möchte aber weiter auf dich hoffen und allen Menschen sagen, daß du es bist, der mir geholfen hat.

¹⁵ Ich möchte jeden Tag nur von dir, deiner Gerechtigkeit, deinen Wohltaten reden, Dinge, die ich nicht alle aufzählen kann, so zahlreich sind sie!

¹⁶ Ich möchte zu dir kommen, lieber Gott, in deine Nähe und dann darüber allen Menschen berichten

¹⁷ Du bist es doch, lieber Gott, der mich von Jugend auf froh gemacht hat, und noch heute als alter Mann möchte ich von all deinen guten Taten in meinem ganzen Leben erzählen.

[18] Auch wenn ich alt und grau werde, lieber Gott, gerade dann: Verlaß mich nicht! Ich möchte nämlich mein Leben lang der Nachwelt erzählen, daß du Großes getan hast,

[19] und vor allem möchte ich über deine Gerechtigkeit sprechen, lieber Gott, die größer ist als alles andere, was ich kenne. Du hast Großes gemacht, lieber Gott, und wer ist dir gleich?

[20] Du hast es zugelassen, daß ich in Angst und Elend fast untergegangen wäre, du hast es aber auch fertiggebracht, mich immer wieder neu zu beleben, mir Mut zu geben, und aus allen furchtbaren Lagen hast du mich herausgeholt!

[21] Tröste mich doch, Gott, und laß mich wieder ein gesunder und froher Mensch werden!

[22] Dann werde ich noch besser von dir erzählen können, dich in allen Höhen loben dürfen, und wenn ich es könnte, würde ich dir sogar ein Lied auf der Harfe vorspielen!

[23] Ich habe ein tiefes Bedürfnis, mich an dir zu freuen und es anderen mitzuteilen: Du hast meine Seele von der Angst befreit!

[24] Ich möchte den ganzen Tag von dir und deiner Herrlichkeit erzählen und den Leuten, die nur mein Unglück suchen, genau dies vortragen! Dann geht's denen einmal schlecht!

Psalm 72

Der Friedensstifter

[von Salomon]

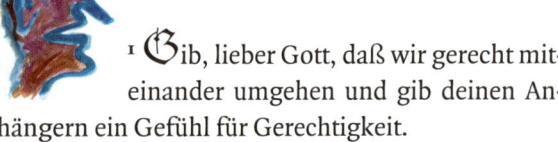

1 Gib, lieber Gott, daß wir gerecht miteinander umgehen und gib deinen Anhängern ein Gefühl für Gerechtigkeit.

2 Weil du da bist, können wir ja erst gerecht werden und deine Gesetze und Regeln befolgen.

3 Nur so wird es Frieden in der Welt geben, und jedermann kann auf Gerechtigkeit hoffen.

4 Du bist nämlich derjenige, der das Recht schafft und Recht bist: Du hilfst armen Kindern genauso wie du ihre Ausnützer zur Rechenschaft ziehen wirst.

5 Deine Gerechtigkeit soll sein wie die täglich sichtbare Sonne und der Mond, so offensichtlich wie das Alltäglichste auf der Welt!

6 Deine Gerechtigkeit soll sein wie ein Regen, der auf die ganze Erde gleichmäßig niederfällt.

7 Deine Gerechtigkeit soll aufblühen, und dadurch wird Frieden sein, bis Sonne und Mond untergegangen sind!

8 Von einem Meer zum anderen und von einem Land zum anderen soll diese Gerechtigkeit ausgeübt werden können und Gültigkeit haben für jedermann bis in den entferntesten Winkel der Erde.

⁹ Vor dir, lieber Gott, der du auch gleichzeitig die Gerechtigkeit bist, soll sich jedermann beugen, und wer dies nicht einsieht und befolgt, wird nicht bestehen können!

¹⁰ Menschen aller Herkunft von den verschiedensten Kulturen haben das erkannt und stimmen dir zu, selbst das gottloseste, menschenverachtende Regime wird sich dir und deiner Gerechtigkeit anschließen.

¹¹ Jedermann wird dies einsehen und wird sich gerne unter deine Gerechtigkeit begeben.

¹² Denn du, lieber Gott, du hebst die Armen auf und die durch Rechtsbeugung geknickten Menschen, die keinen Beistand vor Gericht haben.

¹³ Du bist derjenige, der sich für die Schwachen und Mittellosen einsetzt und das Überleben der Armen zu deiner Sache machst.

¹⁴ Vor Willkür und Gewalt bewahrst du sie, die Armen und Schwachen, und sie sind für dich kostbar!

¹⁵ Lieber Gott, die Armen und Rechtlosen sollen leben, man soll sie unterstützen, für sie da sein und von deiner Gerechtigkeit erzählen.

¹⁶ Auf der ganzen Erde gibt es genug für alle Menschen, und selbst die ärmsten der Armen sollen blü-

hen wie eine Frühlingswiese oder dastehen wie
mächtige Bäume.

¹⁷ Ich wünsche mir, daß dein Name, lieber Gott,
ewig bestehen bleibt, solange es die Sonne gibt, soll
auch dein Name in aller Munde sein. Glücklich sollen sie sein, die Menschen mit der Gewißheit, daß
du für sie sorgst!

¹⁸ Dankeschön, lieber Gott, du bist
nämlich der einzige, der solch Wun-
derbares vollbringen kann.

¹⁹ Danke, ewig danke! Ich wünsche
mir, daß du auf der ganzen Welt so
bekannt wirst. Nochmals danke für
ewig!

Drittes Buch

Psalm 73

Das scheinbare Glück der Bösen

[ein Psalm Asaphs]

 **¹** *L*ieber Gott, für alle Menschen, die ein reines Herz haben, bist du da,

² aber fast wäre ich hingefallen und nicht mehr aufgestanden.

³ Warum? Ich habe mich über die Bösartigkeit in der Welt ereifert und mit dir gezankt und dir vorgemacht, wie es denen so gut geht!

⁴ Denen scheint's immer gut zu sein, keine Krankheit und keine Sorgen kommen an die heran.

⁵ Die wissen offensichtlich nichts über das Elend der meisten Menschen und sind nicht geplagt oder leiden gar!

⁶ Deshalb tragen sie ihre Arroganz vor sich her, und unter ihren maßgeschneiderten Anzügen steckt die schiere boshafte Gewalt!

⁷ Sie sehen kaum aus ihren Augen vor lauter Fett, und in ihren Genen steckt nur die Bosheit an sich.

⁸ Sie verhöhnen andere, und was aus ihrem Mund

herauskommt ist Dreck und wohl formulierte Arroganz!

⁹ Sie zerreißen ihr Maul über alle Dinge im Himmel und auf der Erde und formulieren dies noch gut!

¹⁰ Die Leute sind davon beeindruckt und schlürfen ihre Worte in vollen Zügen!

¹¹ Sie fragen sich untereinander: ‚Die haben recht, der liebe Gott hat doch keine Zeit, sich um jeden Menschen zu kümmern!'

¹² Genauso sind sie, diese miesen Brüder: Immer haben sie Glück und werden immer fetter und reicher!

¹³ Ist es so, daß ich also umsonst dich angerufen habe und versucht habe, ordentlich zu leben?

¹⁴ Jeden Tag war ich geplagt und jeden Morgen begann ich mit Angst.

¹⁵ Fast hätte ich gesagt: ‚Ich will genauso reden wie dieses Gesindel!', aber dann hätte ich an allen übrigen Menschen Verrat geübt.

¹⁶ Lange habe ich darüber nachgedacht, und es war nicht leicht für mich einzusehen,

¹⁷ bis ich dann mich mit dir, lieber Gott, ganz intensiv auseinandergesetzt habe und bald begriff, daß diese böse Brut schnell endet.

¹⁸ Ja, du stellst sie auf wackligen Grund, diese

Herren und Damen, und bringst sie in ihrer eitlen Selbsttäuschung zu Fall.

¹⁹ Ganz plötzlich ist es nämlich zu Ende mit ihnen, und im nächsten Moment sind sie schon nicht mehr da.

²⁰ Sie ähneln einem Traum, den man beim Erwachen schon nicht mehr recht weiß und den man schon vergessen hat, wenn man morgens aufsteht.

²¹ Mein Inneres war bitter geworden, und überall nagte der Schmerz und die Angst in mir.

²² Ich war dumm und verstand dich nicht, fast wie ein unvernünftiges Tier.

²³ Ich aber habe vor, immer bei dir zu bleiben und du hältst mich auch fest.

²⁴ Du bist meine Richtschnur geworden im ganzen Leben, und am Ende wirst du mich, so hoffe ich, in deine Herrlichkeit aufnehmen.

²⁵ Was habe ich denn auf der Erde und im Himmel außer dir? Neben dir, lieber Gott, erfreut mich in dieser und in der nächsten Welt nichts.

²⁶ Auch wenn ich krank werde, das Herz nicht mehr will und meine ganze Existenz zugrunde geht, so bist doch du derjenige, der mich auffängt und der meine Treue mit der deinen belohnt.

²⁷ Wer nicht zu dir findet, lieber Gott, obwohl er dich kennt, wird zugrunde gehen. Du wirst auch

treulos denen gegenüber sein, die zu dir treulos
sind.

28 Ich bin dir aber treu gewesen,
Gott, und dir nahe zu sein ist mein
ganzes Leben. Ich habe auf dich gesetzt, auf dich vertraut, immer von dir
erzählt – und du weißt es, also darf
ich auch zuversichtlich auf deine
Treue warten.

Psalm 74

Trauer und vielleicht Zuversicht

[ein Weisheitslied Asaphs]

¹ Warum, lieber Gott, hast du mich für immer verstoßen? Warum bist du so zornig auf mich, auf den kleinsten der Kleinen?

² Denk doch an die vielen Menschen, die dir so treu ergeben waren und sind. Denk doch an die, die dir ganz nahe waren.

³ Lauf doch schnell zu mir her, der ich fast in Auflösung begriffen bin, ein Trümmerfeld meiner Existenz. Meine lieben Mitmenschen haben mich fast vollständig zerstört.

⁴ Deine Widersacher haben einen großen Lärm gemacht, ihre atheistischen Thesen unbehelligt formuliert und aufgestellt und sind für alle Welt die großen Sieger.

⁵ Wie wild gewordene SS-Horden sind sie auf Menschen losgegangen

⁶ und wie Stalins Soldateska haben sie in fremden Ländern furchtbar gewütet.

⁷ Sie haben sich alle gegen dich verschworen und sich vorgenommen, dich zu vernichten, lieber Gott, und sie haben es geschafft, in uns eine geistige Wüste zurückzulassen, abgebrannt bis auf den Grund.

⁸ Dieses Gesindel hat zu sich gesagt: ‚Wir werden alles zerstören!' Und so haben sie es auch gemacht, physisch wie psychisch alles bis auf den Grund zerstört!

⁹ Positive Zeichen für uns können wir nicht sehen, es ist keiner mehr da, der diese Leute vom Gegenteil überzeugt, und wer weiß wie lange noch!

¹⁰ Wie lange noch, lieber Gott, kann dieses Gesindel die gutwillige Mehrheit der Menschen unterdrücken, und wie lange noch läßt du es zu, daß man gegen dich vorgeht?

¹¹ Warum hilfst du uns nicht, warum läßt du deine Allmacht vor diesen Menschen nicht einmal aufscheinen?

¹² Lieber Gott, du bist nach wie vor der Urgrund unseres Seins.

¹³ Mit deiner Macht kannst du Wasser zu Erde machen und umgekehrt, alles Ungeziefer kannst du mit einem Wort vernichten.

¹⁴ Du hast schon ganz andere Verfolgungen uns überstehen und ganze Imperien verschwinden lassen.

¹⁵ Du hast Quellen aus dem Boden herausbrechen lassen, wo nur trockenes Land war, und riesige Ströme austrocknen lassen, wo seit Menschengedenken Wasser war.

¹⁶ Du bist unser ganzer Urgrund, du bist die Ordnung des Lebens, du bist Tag und Nacht, du bist Sonne und Mond.

¹⁷ Du hast der Erde ihre Grenzen gesetzt und Sommer und Winter geschaffen.

¹⁸ Denk du daran, lieber Gott, das Gesindel verneint dies und ein Großteil dieser Menschen lästert diese Ordnung und verneint deine Existenz.

¹⁹ Wir, die wir an dich glauben, sind wie Tauben: Bitte gib den Raubtieren Einhalt, daß sie uns nicht verschlingen, und auf das Leben der ärmsten der Armen schau genau hin!

²⁰ Schau doch hin auf die Menschen, die auf dich vertrauen! Meistens scheint es, daß unser Land nur noch aus Schlupfwinkeln der Gewalt und Boshaftigkeit besteht.

²¹ Die Elenden und Armen sollen nicht von dir ungetröstet weggehen können! Es soll so sein, daß die ärmsten der Armen dich am lautesten loben.

²² Also, lieber Gott, steh auf und kümmere dich um deine Anhänger auf dieser Welt! Denke einmal daran, daß das dumme Gesindel dich täglich schmäht.

²³ Denk auch einmal an das üble Geschrei deiner Widersacher, lieber Gott, an ihr Toben, Schreien und Murren, all das steigt ja auch täglich vor deine Augen hinauf!

Psalm 75

Die letzte Gerechtigkeit

[für den Chormeister.
Ein Psalm Asaphs]

² Ich freue mich über dich, lieber Gott, und ich weiß, daß du denen nahe bist, die über dich und deine Wunder erzählen.

³ ‚Ja, du Mensch, ich werde über euch alle Gericht halten zu einem Zeitpunkt, den ich bestimme.

⁴ Die Erde und alles, was auf ihr lebt, kann wanken, aber umstürzen wird sie nicht, denn ich habe sie auf einen festen Grund gestellt!

⁵ Ich habe zu den Überheblichen gesagt: Seid nicht so arrogant. Und zum Gesindel habe ich gesagt: Seid nicht so stolz auf eure Boshaftigkeit!

⁶ Redet doch nicht so überheblich und machtgeil daher!

⁷ Nirgendwoher werdet ihr nämlich Hilfe bekommen, weder vom Osten noch vom Westen noch sonstwo aus der weiten Welt.‘

⁸ Nein, du lieber Gott bist der alleinige Richter, du nimmst dich des einen an und den anderen verstößest du.

⁹ Ja, du bist wie einer, der bitteren, gärenden Wein den Menschen herreicht: Ihn muß das Gesindel der Erde bis zur Neige leertrinken, wenn es sie auch schüttelt!

¹⁰ Ich aber werde meine Freude an dir haben, lieber Gott, und tanzen und spielen!

¹¹ ‚Die vermeintliche Macht werde ich dem Gesocks wegnehmen, und nur die Anständigen und Demütigen gelten etwas bei mir!‘

Psalm 76
Der Gewinner am Ende

[für den Chormeister mit Saitenspiel, ein Psalm Asaphs]

 ² *L*ieber Gott, du hast dich mir zu erkennen gegeben, und seither giltst du bei mir alles.

³ Überall im Land finden sich Symbole von dir, in Kirchen, Domen, Bildern, ja selbst in Wittenberg oder in Rom.

⁴ Überall wo man an dich denkt bist du dabei, Aggression, Gewalt und Überheblichkeit zu verhindern.

⁵ Du bist großartig und herrlich, lieber Gott, du bist wie mein täglicher Blick hinüber über die ewigen Alpen.

⁶ Die arroganten Maulhelden sind leer, müde geworden, und diesen vermeintlichen Helden versagt die Kraft.

⁷ Wenn du dich ihnen gegenüberstellst, lieber Gott, dann erstarrt ihre so geschäftige Boshaftigkeit.

⁸ Du bist wunderbar, aber auch furchtbar. Wer kann wirklich sagen, daß du immer auf seiner Seite bist?

⁹ Von deinem Himmel her läßt du dein Urteil ertönen: Die ganze Erde hat diesen Entschluß ohne Widerrede anzunehmen.

¹⁰ So wird es sein, wenn du wiederkommst, um die Menschen zu richten und allen Elenden auf dieser Welt zu ihrem Recht zu verhelfen.

¹¹ Denn auch das aggressive Menschengeschlecht wird dich anerkennen müssen, ob sie es wollen oder nicht.

¹² Also, ihr lieben Mitmenschen: Richtet euch danach, daß Gott doch der Klügere und Stärkere ist und erkennt seine Weisheit und Macht an.

¹³ Er nimmt den Gewalttätigen ihre Macht und den Potentaten ihr vermeintliche Allmächtigkeit!

Psalm 77

Der schweigsame liebe Gott

[für den Chormeister.
Ein Psalm Asaphs]

 ² Ich rufe zu dir, lieber Gott, ich rufe laut, ich schreie, und zwar solange, bis du mich hörst.

³ Am Tag meiner Not habe ich dich, lieber Gott, gesucht und ohne Unterlaß nach dir geschrien, untröstlich wie ich bin.

⁴ Denk ich an Gott in der Nacht, so bin ich um den Schlaf gebracht, und wenn ich versuche, dich und deine Gerechtigkeit zu verstehen, dann bin ich verzagt.

⁵ Wegen dir kann ich nicht mehr schlafen, ich bin innerlich unruhig, angstvoll und kann nicht einmal mehr reden.

⁶ Ich sitze da und denke den ganzen Tag über frühere, längst vergangene Jahre nach.

⁷ Mein ganzes Inneres grübelt sogar noch nachts, ich sinne dir nach, lieber Gott, und mein Geist und meine Seele sind ausschließlich mit dir beschäftigt.

⁸ Wirst du mich denn auf ewig verstoßen, mir nicht mehr gnädig sein und mich einfach vergessen?

⁹ Ist dein Interesse an mir ganz am Ende? All das, was du versprochen hast, nicht mehr wahr für alle Zeiten?

¹⁰ Hast du, lieber Gott, deine Zuwendung zu mir vergessen und bist im Zorn soweit, daß dein Erbarmen den Menschen gegenüber nicht mehr gilt?

¹¹ Da sagte ich bei mir: ‚Ich tu dir unrecht, lieber Gott, weil ich aus innerer Verzweiflung diese Fragen stelle!‘

¹² Viel lieber denke ich an all das, was du schon getan hast, lieber Gott, an deine früheren Wunder.

¹³ Ich sehe auf all deine Wundertaten und will ganz bescheiden darüber nachsinnen!

¹⁴ Lieber Gott, dein Weg ist der richtige, nicht meiner. Wo ist denn ein Gott, der so groß ist wie der unsrige?

¹⁵ Du allein bist mein Herrgott, der welcher alles recht macht, und du hast dies auch meinen Mitmenschen mitgeteilt.

¹⁶ Du hast es geschafft, uns von der Urangst zu erlösen, alle auf dieser weiten Erde, jedermann, ob er lebt, gelebt hat oder noch leben wird.

¹⁷ Selbst das ganze Wasser auf der weiten Welt, alle Meere kennen dich und respektieren dich. Selbst der Sturm weiß, wer du bist.

¹⁸ Selbst wenn die Wolken Sturzbäche regnen las-

sen und der Sturm pfeift und tobt – auch die kennen dich.

19 Auch wenn der Donner rollt, Blitze die Welt erhellen, die Erde bebt und wankt, all das zittert letztlich vor dir, lieber Gott.

20 Wer auf dich hört, kann sogar durch das Meer laufen, einen Weg finden durch riesige Wassermassen, aber niemand hat dich selbst oder deine Spuren gesehen.

21 Du führst alle Menschen, die sich dir anvertraut haben, wie ein Hirte seine Herde und nimmst ihnen die Angst.

Psalm 78

Die Undankbarkeit der Menschen und die Güte Gottes

[ein Weisheitslied Asaphs]

¹ Ihr Menschen, hört was ich sage, sperrt eure Ohren auf zu dem, was ich euch zu sagen habe!

² Ich möchte euch etwas Wichtiges mitteilen, ich will euch die Geheimnisse der Vorzeit erklären.

³ Ich will euch sagen, was wir gehört und erfahren haben und was uns unsere Vorväter erzählten.

⁴ Und all das wollen wir unseren Kindern weitergeben und unseren Nachkommen nicht verbergen. Es sind dies die großartigen, wunderbaren Taten unseres starken Gottes, alles Wunderbare, was er auf dieser Welt getan hat.

⁵ Er stellte sein Gesetz in diese Welt und gab unseren Vorfahren die Weisung, all das zu bewahren und den späteren Nachkommen zu übertragen.

⁶ Alle Nachkommen sollten dies hören, und die Kinder, Enkel und Urenkel sollen all dies auch wieder weitergeben an ihre Nachkommen.

⁷ Wozu? Das soll das Vertrauen, das unsere Urvä-

ter in Gott hatten, zeigen und daß es wert ist, weitergegeben zu werden, wenn man auf ihn hört.

⁸ Wir sollen eben nicht so werden wie manche unserer Vorfahren, die Gott gegenüber trotzig und bösartig, wankelmütig und treulos waren. Auch das soll weitergegeben werden.

⁹ Es gab unter den Vorfahren etliche, die sogar an entscheidenden Tagen Gott den Rücken zudrehten.

¹⁰ Sie hielten sich nicht an das, was du, lieber Gott, ihnen aufgetragen hattest und sie weigerten sich, deinen Weisungen zu folgen.

¹¹ Sie haben alles vergessen, was du gemacht hast, die Wunder dieser Erde, die ja jeder sehen kann.

¹² Du hast allen unseren Vorfahren die Wunder dieser Erde vor Augen geführt, damals noch, als sie im Elend saßen.

¹³ Du, Gott, konntest sogar das Meer zerteilen und sie aus ihrem selbstgewählten Elend herausführen, und das Wasser stand rechts und links wie ein Damm.

¹⁴ Gott leitete die Menschen bei Tag in der Wolke und die ganze Nacht mit einem leuchtenden Feuer.

¹⁵ Er zerspaltete Felsen in der trockenen Wüste und gab dem Volk zu trinken, soviel es wollte.

¹⁶ Er ließ ganze Bäche aus dem trockenen Gestein hervorrufen, und aller Durst hatte ein Ende.

[17] Doch sie lebten weiter oberflächlich und böse, und trotz dieser Wunder wandten sie sich von Gott ab.

[18] Im Gegenteil, sie setzten Gott sogar unter Druck, indem sie Nahrung für ihren Hunger forderten.

[19] Sie schimpften auf Gott und fragten: ,Gibt's denn hier vom lieben Gott in der Wüste nichts zu essen?

[20] Gut, er hat aus den trockenen Felsen Wasser geschlagen. Kann er uns auch Brot verschaffen und am besten noch Käse und Wurst dazu?'

[21] Irgendwann hört dies Gott auch, und er war tief enttäuscht: Auch der liebe Gott wurde wütend gegen die Vorfahren,

[22] und zwar deswegen, weil sie an ihn nicht glaubten und das Vertrauen in ihn verloren hatten.

[23] Aber er in seiner Güte gebot den Wolken und ließ vom Himmel regnen.

[24] Er ließ das Brot sogar vom Himmel auf sie herabregnen.

[25] Sie setzten sich hin und aßen dieses Wunderbrot, das ihnen Gott in Fülle gegeben hatte.

[26] Dann ließ er den Ostwind losbrechen am Himmel, danach den Südwind herbeiholen,

[27] dann ließ er Fleisch auf sie regnen wie Staub,

und die gebratenen Hühner fielen auf ihre Vorväter
wie Sand am Meer.

²⁸ Er ließ sie ihnen mitten ins Maul fallen, die gebratenen Tiere.

²⁹ Da aßen sie alle und wurden satt. Gott hat ihnen alles gegeben, was sie begehrten.

³⁰ Noch waren sie dabei, in ihrer Gier alles aufzufressen, und ihre Speise war noch nicht einmal im
Magen,

³¹ da wurde selbst Gott wütend, und er jagte die
elegante Elite zum Teufel.

³² Doch trotz allem machten sie weiter wie bisher
und vertrauten Gott in nichts.

³³ Daraufhin ließ Gott sie schnell alt werden, und
die Zeit, die sie nun hatten, war voll Angst.

³⁴ Wenn sie einen Schicksalsschlag erleiden mußten, dann fragten sie an Gott, dann kehrten sie um
und dann begannen sie, ihn zu suchen.

³⁵ Dann war es plötzlich so, daß der liebe Gott
doch ihr höchster Erlöser sei.

³⁶ Doch sie täuschten ihn mit falschen Worten,
und wie immer sagte ihre Zunge etwas anderes als
ihr Geist.

³⁷ Ihr Herz hielt nicht fest zu ihm, und sie waren
wie immer nicht treu.

³⁸ Gott aber vergab ihnen aus Mitleid ihre Schuld

und jagte sie nicht endgültig davon. Wie oft war er enttäuscht von ihnen, aber er unterdrückte seinen Groll.

39 Denn der Schöpfer wußte, daß sie nichts sind als Fleisch, nur ein Windhauch, der vorbeistreicht und nie mehr wiederkehrt.

40 Wie oft haben sie ihn in der größten Not noch angegriffen und gekränkt, ganz besonders dann, wenn sie im allergrößten Elend lagen.

41 Immer wieder forderten sie ihren eigenen Schöpfer heraus und reizten Gott bis aufs Blut!

42 Die dachten nicht mehr an seine Güte und Macht, an die Tatsache, daß er sie eigentlich von aller Angst befreit hatte.

43 Er befreite sie aus der größten Angst in wunderbarster Weise.

44 Gott verwandelte ihre Flüsse und Bäche in Blut, so daß sie das reine Wasser nicht mehr trinken konnten.

45 Er schickte ihnen sogar allerlei Plagegeister, Stechfliegen und Frösche.

46 All das, was sie mühsam sich erarbeitet hatten, fraßen die Grillen und die Heuschrecken.

47 Ihre Rebstöcke hat er mit Hagel vernichtet und ihre Fruchtbäume mit Eisregen.

48 Ihr Viehzeug ließ er in der Pest verenden, und die übrigen Herden kamen in Seuchen um.

⁴⁹ Er hatte wirklich Grund, Zorn auf sie zu haben, und er schickte ihnen Ängste und Furcht in großer Zahl.

⁵⁰ Gott ließ seinem Zorn freien Lauf, und er bewahrte das Gesindel, das gegen ihn war, nicht vor dem Tod und ließ sogar zu, daß sie in der Pest umkamen.

⁵¹ Erst schlug er eine ganze Generation von Kindern mit einer Seuche, und die Jugend fiel in Langemarck zu Tausenden, sinnlos und doch mit Recht. Alle hatten Gott vergessen!

⁵² Dann nahm er sich wieder des Volkes an und leitete sie weiter bis zum heutigen Tag.

⁵³ Gott führte sie, und sie hätten nichts zu fürchten gehabt, aber der Feind stand überall.

⁵⁴ Gott gab den Menschen einen Platz zum Leben, er gab ihnen Berge und Täler, die er ihnen mit seiner ganzen Macht schenkte.

⁵⁵ Gott jagte sogar andere Lebewesen von der Erde hinweg, um diesen Menschen einen ewigen Platz zu gewähren.

⁵⁶ Doch der Dank war, daß sie ihrem Schöpfer trotzten und seine Gesetze verlachten.

⁵⁷ Wie die früheren Menschen fielen sie treulos von Gott ab und suchten sich andere Ideen, die ihnen besser paßten.

58 Sie verbitterten sogar Gott, indem sie bewußt andere Götter anbeteten, um ihren Schöpfer damit zu treffen!

59 Als Gott dies alles sah, trennte er sich innerlich von seiner eigenen Schöpfung.

60 Er verwarf seine Zusage, für die Menschen da zu sein und unter ihnen zu leben, wenn sie es auch nur wollten.

61 Seine geliebte Schöpfung verfiel in Haß und Uneinigkeit untereinander, und seine Botschaft wurde nicht mehr gehört.

62 Gott ließ die Menschen laufen, und er wußte, daß sie sich um Kopf und Kragen rennen.

63 Die jungen Männer kamen im Feuer um, und die jungen Mädchen wurden keine Bräute!

64 Ihre Mahner wurden umgebracht, und die vielen Toten konnten nicht einmal beweint werden.

65 Aber da erwachte der liebe Gott wieder, wie wenn er geschlafen hätte oder besser, wie wenn er besoffen gewesen wäre.

66 Er schlug auf die Feinde seiner Schöpfung ein und machte sie zuschanden.

67 Manche der Menschen nahm er wieder auf, und manchen entzog er sich dauernd.

68 Einen mochte er besonders gerne, einer der zu ihm gehalten hatte und den er liebte.

⁶⁹ Bei dem, den er seinen Sohn nannte, baute er ein ewiges geistiges Heiligtum, fester als die Erde, die er ja vor allen Zeiten selbst gegründet hatte.

⁷⁰ Und er holte seinen Sohn, er holte ihn weg von der Alltäglichkeit und Unbedeutendheit,

⁷¹ er nahm ihn aus der alltäglichen Gewöhnlichkeit heraus, daß er den übrigen Menschen zeige, wie es sich wirklich mit ihrem Schöpfer verhalten würde.

⁷² Der sollte als guter Hirte für sie mit lauterem Herzen da sein und sie mit klugen Händen den weiten Weg bis zur Ewigkeit führen.

Psalm 79

Klage über die Zerstörung der Welt

[ein Psalm Asaphs]

 ¹ *L*ieber Gott, das Gesindel ist gegen dich vorgegangen und hat alles, was dir heilig war auf dieser Welt, entweiht und in Trümmer gelegt.

² Menschen, die auf dich gehört haben, sind den Vögeln des Himmels zum Fraß vorgeworfen worden, heiligmäßige bescheidene Menschen wurden den Tieren des Feldes überlassen.

³ Sie haben deren Blut vergossen wie wenn's Wasser gewesen wäre, und keiner denkt mehr an diese braven Menschen.

⁴ Wir sind zum Abschaum geworden in den Augen unserer Nachbarn, zu Spott und Hohn bei allen, die rings um uns wohnen.

⁵ Wie lange noch, Herr, willst du uns so zürnen? Wie lange noch willst du wie mit Feuer gegen uns vorgehen?

⁶ Gieße deinen Zorn doch einmal gegen die Atheisten aus, die dich nicht kennenlernen wollen und über Menschen, die von dir nichts wissen wollen!

⁷ Denn die waren es, die uns unsere Existenz-
grundlage genommen haben. Wir haben nichts mehr
zu essen!

⁸ Bitte rechne uns doch nicht die Schuld unserer
Vorväter an. Bitte komm uns entgegen und erbarme
dich wieder, denn tiefer als wir kann man nicht mehr
fallen.

⁹ Dein guter Name soll wieder etwas gelten in dieser Welt. Hilf uns um dieses guten Namens willen
und nimm Schuld von uns weg.

¹⁰ Warum dürfen die Atheisten unentwegt sagen:
‚Wo ist denn nun ihr Gott?' Zeig diesem Ungeziefer
von Menschen, wie du das alles siehst mit dem Mord
an deinen Getreuen.

¹¹ Das Elend und das Schreien von Gefangenen
soll zu dir kommen. Die Todgeweihten befreie von
der Angst, denn sie sind gefangen und todgeweiht
dadurch, daß sie an dich glauben.

¹² Schlag den bösen Nachbarn endlich sieben Mal
in die Fresse, um den Haß, den die gegen dich haben, einmal zurückzuerstatten!

¹³ Wir aber, die, die dir treu sind, wollen
wie Schafe deiner Weide sein und dir danken, von dir erzählen, von deiner Gerechtigkeit von einer zur anderen Generation.

Psalm **80**

Wachstum in Gottes Hand

[für den Chormeister.
Ein Psalm Asaphs]

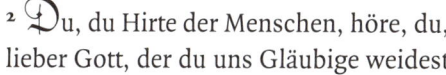

² Du, du Hirte der Menschen, höre, du, lieber Gott, der du uns Gläubige weidest wie eine Herde! Du der du in all deiner Herrlichkeit in einer anderen Welt thronst, erscheine, zeige dich vor uns armen Menschen.

³ Zeige dich vor uns allen ohne Ausnahme und zeig uns auch einmal, daß du Macht hast, uns zu helfen.

⁴ Lieber Gott, helf uns doch wieder auf. Wenn wir dich erkennen und sehen dürfen, dann ist uns schon geholfen.

⁵ Lieber Gott, der du so mächtig bist, wie lange hast du noch einen Zorn auf mich, auf den kleinsten der Kleinen, und der jeden Tag zu dir betet?

⁶ Wer nie sein Brot mit Tränen aß, der kennt dich nicht, und ich esse Brot mit Tränen, überreich!

⁷ Du machst mich zu einem Spielball des undurchsichtigen Schicksals, und all meine Feinde verspotten mich.

8 Lieber Gott, richte mich doch wieder auf, zeig uns dein Wirken, und dann ist uns schon geholfen.

9 Du hast schon ganze Völker ausgerissen wie Pflanzen und von ihrem Ort vertrieben, mich aber hast du an einen Ort gepflanzt und gehegt.

10 Du hast mir weiten Raum gegeben, ich konnte Wurzeln schlagen und Besitz von dem Land nehmen.

11 Überall konnte ich mich mit meinen Freunden freizügig bewegen, und wir fühlten uns wie wachsende Gottesgeschöpfe.

12 Unsere wachsenden Ranken reichten bis zum Meer, unsere Wurzeln hatten wir tief in der Erde.

13 Warum hast du mir die Sicherheit weggenommen, in der ich mich bei dir aufgehoben fühlte? Jetzt sind alle dahergelaufenen Leute darauf aus, mich auszuplündern.

14 Jedes Wildschwein aus dem Wald kann an deiner Schöpfung herumwühlen und alle Tiere deine Geschöpfe zernagen.

15 Lieber Gott, dreh dich doch wieder zu uns her, blick von deiner Welt auf uns herab und paß auf uns auf!

16 Sorg doch für uns, die wir wie kleine Pflänzchen von dir gesetzt wurden.

17 Jetzt werden unsere Pflanzen wie Heu im Feuer

verbrannt, und vor deinem Gesicht sollen wir in Flammen und Rauch aufgehen.

18 Bitte schicke doch den Mann zu deiner Rechten, den Menschensohn, zu Hilfe. Er wird für uns sprechen.

19 Erhalte uns am Leben! Nur dann können wir weiter von dir sprechen und bei dir bleiben.

20 Lieber Gott, richte uns bitte wieder auf und zeig uns, wie wir dich erkennen können. Dann ist uns allen geholfen.

Psalm 81
Verheißung einer guten Zukunft

[für den Chormeister,
nach dem Kelterlied. Von Asaph]

 ² Seid froh in eurem Herrgott, zu ihm
können wir fliehen, wenn's ganz aussichtslos ist.

³ Kommt mit aller Freude eures Innern zu ihm, zu einer guten Stimmung habt ihr alle allen Grund!

⁴ Seid jeden Tag froh in ihm, welcher Wochentag oder welcher Monat es auch sei.

⁵ Denn das ist wirklich unser Ziel, mit dir, lieber Gott, zu leben.

⁶ Das hast du uns Menschen angeboten, als wir uns aus unserer selbstverschuldeten, egozentrischen Dummheit befreien wollten. Eine Stimme habe ich gehört, die ich noch nie vorher vernahm:

⁷ ‚Ich habe dich von allen Lasten und Ängsten befreit, und du kannst ohne Angst dich in dieser Welt bewegen!

⁸ Du hast mich in der Not gerufen, und ich habe dich dort herausgerettet. Ich hab dich gehört, sogar als es aus den Wolken donnerte und es in den Fluten toste.

⁹ Höre, du Mensch, ich möchte dich nur einmal daran erinnern, daß du auf mich hören sollst!

¹⁰ Es gibt für dich keinen anderen Gott, keine andere Zuflucht, keine andere Rettung. Etwas anderes sollst du nicht anbeten.

¹¹ Ich bin der Herr, dein Gott, der dich aus allem Elend, aus allen Ängsten und aller Not herausgeführt hat. Sag was, Mensch, und wenn du es nicht kannst, dann geb ich es dir ein!

¹² Aber du Mensch hast nicht auf meine Stimme gehört, du hast mich nicht gewollt!

¹³ Also habe ich dich deiner eigenen verstockten Psyche überlassen, und aus der heraus hast du gehandelt. Mit oft schlimmem Erfolg.

¹⁴ Ach daß du Mensch doch auf mich hörtest, daß ihr alle auf den von mir euch vorgezeichneten Wegen gehen würdet!

¹⁵ Wie bald würde ich dann all denen, die euch im Wege sind, das Handwerk legen.

¹⁶ Alle die mich, euren Gott, hassen, gehen ein: Ihr Schicksal ist in Ewigkeit damit besiegelt.

¹⁷ Diejenigen, die aber bei mir bleiben, die würde ich mit Brot und Honig im Überfluß ein Leben lang ernähren.‘

Psalm 82

Gericht über Richter

[ein Psalm Asaphs. Gott steht auf in der Versammlung anderer Götter und in diesem Kreis ist er es, der Gericht hält]

² ‚Wie lange wollt ihr noch ungerecht richten und die Ganoven begünstigen?

³ Sprecht Recht den Unterprivilegierten, denen die keine Lobby haben, helft den Kranken, Verkrüppelten und Bedürftigen zu dem, was ihnen zusteht!

⁴ Macht den Armen und Geringen den Weg frei und entreißt sie der Hand der Egoisten und Gauner!'

⁵ Aber ich merke, daß die meisten weder Einsicht noch Verstand haben, sie tappen im Dunkeln herum und wissen nicht wohin. Alle Stützen dieser Erde werden wanken.

⁶ ‚Ich hab euch gesagt, daß ihr Götter seid, ihr seid alle Söhne des allerhöchsten Gottes.

⁷ Doch jetzt sollt auch ihr untergehen wie sterbliche Menschen und hinunterstürzen, wie alle Machtpotentaten fallen werden!'

8 Lieber Gott, steh endlich auf und spricht auf dieser heillosen Welt Recht! Du bist doch der Gott von allen Völkern und der eigentliche Rechtsgrund für jeden!

Psalm 83

Umzingelt von feindlicher Denkart

[ein Lied. Ein Psalm Asaphs]

2 $\mathcal{S}$chweig doch nicht, lieber Gott, bleib nicht still, halt nicht immer deinen Mund!

3 Schau doch, die atheistischen Feinde toben, die dich hassen, sie werden immer frecher.

4 Gegen deine Gläubigen haben sie immer neue Boshaftigkeiten im Sinn, und sie halten Rat gegen alle, die sich zu dir flüchten.

5 Sie sagen: ‚Wir wollen diese Gottgläubigen ausrotten, und an Gott soll niemand mehr denken!‘

6 Ja sie sind sich alle einig und schmieden ein mächtiges Bündnis gegen dich, lieber Gott.

7 Gesindel jeder Art, boshafte Menschen auf der ganzen Welt, arrogantes Gesocks und gewalttätige Schweine, Hitlers, Stalins, Polpots, Napoleons und noch ganz andere honorige Herren!

9 Zu ihnen gesellt sich auch George Bush und die mit ihm kämpfende Koalition der Willigen!

10 Mach es ihnen schwer, lieber Gott, bring ihnen keinen glänzenden Sieg.

¹¹ Große Siege sind so schnell vergessen und überholt. Und oft werden die großen Sieger zum Dung für die Äcker, auf denen sie gewonnen haben.

¹² Mach die Mächtigen dieser Welt zu lächerlichen, angreifbaren Figuren, die sich selbst ad absurdum führen.

¹³ Menschen, die sagen, ‚wir wollen Gott aus diesem Land hinaustreiben!‘

¹⁴ Lieber Gott, laß sie doch einfach dahinwirbeln wie Dreck, wie Spreu im Wind!

¹⁵ So ähnlich wie Feuer, das ganze Wälder verbrennt, wie Flammen, die Berge versengen,

¹⁶ so jage alle Kriegslüsternen und Gewaltbereiten fort mit deinem Sturm und erschreck sie in ihren Grundfesten mit deiner Macht!

¹⁷ Laß sie im Gesicht schamrot werden, die Gewaltmenschen, damit sie, lieber Gott, irgendwann einmal selber anfangen, nach dem Grund des Elends zu fragen.

¹⁸ Sie sollen sich schämen und für ewig haltlos sein und in der eigenen Schande verrecken.

¹⁹ Sie sollen irgendwann einmal vor Augen geführt bekommen, daß du es bist, der allen befiehlt und der Grund allen Lebens ist. Du bist der Urgrund der ganzen Erde und der Schöpfung, sie hingegen zerstören nur.

Psalm 84

Zuhause bei Gott

[für den Chormeister, nach dem Kelterlied.
Ein Psalm der Korachiter]

2 Wie schön und beruhigend ist es, in deiner Nähe zu sein, lieber Gott,

3 meine ganze Seele hat Sehnsucht nach dir und deiner Nähe. Mein Herz und mein Körper sehnen sich nach dir, dem lebendigen und lebendig machenden Gott.

4 Auch ein kleiner Spatz findet sein Haus und die Schwalbe ein Nest für ihre Jungen, so wie ich, lieber Gott, der Heimweh hat nach dir.

5 Die in deiner Nähe sich geborgen fühlen dürfen, denen geht es gut.

6 Auch sind die Menschen, die Kraft finden an dir, gut dran.

7 Und wenn sie auch durch ein trostloses und trübes Tal laufen müssen, macht es nichts aus, denn selbst diese Einöde hat plötzlich Quellen und segenbringenden Frühregen.

8 Die Menschen, die bei dir sich geborgen fühlen, bekommen täglich mehr Kraft und Zuversicht, bis sie dich, Gott, irgendwann einmal wirklich sehen können.

⁹ Gott, höre auf mich, mein Rufen, mein Beten, vernimm es!

¹⁰ Lieber Gott, schau einfach herunter zu mir und betrachte das Gesicht eines Menschen, der nur auf dich hofft!

¹¹ Ein einziger Tag in deiner Nähe ist besser als tausend Tage ohne dich. Es ist besser, seine geistige Geborgenheit in dir zu haben, als in Wirklichkeit inmitten von Ganoven, Wichtigtuern und Atheisten zu leben.

¹² Du, lieber Gott, bist meine Sonne und gleichzeitig mein Schatten. Du schenkst mir Gnade und Zuversicht. Du versagst niemand, der rechtschaffen versucht zu leben, irgend etwas. Dem geht es gut, der dir blindlings vertraut!

Psalm **85**
Die Gotteswelt kommt irgendwann

[für den Chormeister.
Ein Psalm der Korachiter]

 ² Einst hast du einmal, lieber Gott, all
deine Güte auf uns übertragen und alles
Unglück von uns ferngehalten,

³ du hast uns schuldhaften Menschen alles vergeben und unsere Verfehlungen zugedeckt.

⁴ Du hast deinen Zorn zurückgezogen und deine
Unzufriedenheit mit uns in Zuneigung verändert.

⁵ Gott, du unser Retter, richte uns auch wieder
auf, hab keinen Unmut mehr gegen uns arme
Menschlein!

⁶ Willst du denn ewig auf uns böse sein, und soll
dein Zorn von Generation zu Generation weiterver-
erbt werden?

⁷ Willst du uns nicht wieder neu Mut machen, so
daß die Menschheit sich an dir freuen kann?

⁸ Sei freundlich mit uns und geh gut mit uns um,
lieber Gott, und gewähre uns Zuversicht!

⁹ Ich will gern darauf hören, was Gott spricht: Er
verspricht allen gutwilligen Menschen seinen Frieden!

¹⁰ Die Menschen, die ihn achten, fürchten und lieben, denen ist er ganz nahe, und seine Ruhe wohnt in unseren Seelen.

¹¹ Zuversicht und Treue begegnen einander, Gerechtigkeit und Frieden sind überall zugegen.

¹² Die Treue springt geradezu aus der Erde heraus, und die Gerechtigkeit blickt vom weiten Himmel herunter.

¹³ Der liebe Gott spendet uns dann sein Wohlwollen, und aus unserem Inneren geben wir freudig Antwort.

¹⁴ Die von uns so vermißte Gerechtigkeit geht mit Gott einher, und tiefe Ruhe und großer Frieden folgt der Spur seiner göttlichen Schritte.

Psalm 86

Klage und Bitte

[ein Gebet Davids]

 ¹ Hör bitte her, lieber Gott, denn ich bin ein armer und geschundener Mensch.

² Beschütze mich, denn ich bin einer von den Deinigen. Ich bin einer von denen, die dir vertrauen!

³ Du bist für mich der Gott. Also sei mir auch gnädig, denn ich rufe den ganzen Tag zu dir.

⁴ Lieber Gott, gib mir auch die Freude an dir, denn mein ganzes Inneres hat lange Zeit nach dir!

⁵ Du bist nämlich gütig und verzeihst jedem, der demütig und bescheiden dich anruft, und du läßt keinen im Stich.

⁶ Bitte hör doch auf mein Beten und achte darauf, wenn ich nun so laut und unbändig nach dir rufe!

⁷ Am Tag meiner Not rufe ich zu dir, und ich bin sicher, daß du dann für mich da bist.

⁸ Gott, unter den sogenannten Göttern ist keiner wie du, und gar nichts gleicht den Werken, die aus deiner Hand kommen.

⁹ Alle Menschen kommen und beten zu dir, sie geben dir, deinen Taten und deinem Namen alle Ehre.

¹⁰ Denn du bist der einzig Große und vollbringst Wunderbares. Das kannst nur du allein.

¹¹ Bitte zeig mir doch deinen Weg, denn du willst, daß ich ihn gehe. Ich folge ihm nach, wenn ich ihn kenne. Richte mein ganzes Inneres daraufhin aus, daß ich allein dich und deine Gebote achte und fürchte!

¹² Ich dank dir dafür, Gott, aus ganzem Herzen und ich halte dich solange ich lebe ganz hoch!

¹³ Du hast mich nämlich aus den Fängen des Todes herausgerissen, und ich weiß, daß du es gut mit mir meinst.

¹⁴ Gott, freches Gesindel hat sich gegen mich gestellt, eine ganze Rotte von Gewalttätern versucht mich umzubringen, sie halten von dir gar nichts!

¹⁵ Du aber, lieber Gott, bist langmütig, barmherzig und zu gutmütig, Freundschaft und Treue sind für dich wichtig.

¹⁶ Bitte wende dich zu mir und sei auch mir gnädig, gib mir als deinem letzten von allen Kleinen Kraft und Zuversicht, hilf dem allerkleinsten von allen Gläubigen!

¹⁷ Bitte gib doch ein Zeichen von irgendwoher und laß es mich verstehen! Alle die

mich hassen sollen es aber auch mitbekommen und sollen sich auch schämen, weil sie mitbekommen haben, daß du auf meiner Seite stehst und mich getröstet hast!

Psalm 87

Urheber der Schöpfung

[ein Psalm der Korachiter, ein Lied]

2 Der liebe Gott liebt seine Schöpfung, wie man sagt, sehr. Mehr als alles an seiner Schöpfung liebt er jedoch die Menschen und ihre Seelen.

3 Man sagt dies von dir, du winzige Menschenseele, seit sich Gott geoffenbart hat.

4 Menschen aus aller Herren Länder haben etwas gemeinsam, sie haben in dir ihre Heimat.

5 Von dir, lieber Gott, wird man sagen, jeder ist in dir geboren, denn du bist der Urgrund der Schöpfung, und in dir ist alles begründet.

6 Du schreibst jeden Menschen in dein Schöpfungsverzeichnis: Er ist aus dir geboren, somit ein Teil deiner Schöpfung!

7 Und alle werden mit großer Freude darüber erfüllt sein, wenn sie singen können: All meine inneren geistigen Quellen entspringen bei dir!

Psalm **88**

Klage und Hoffnung

[ein Weisheitslied Hemans,
des Esrachiters]

² *L*ieber Gott, du mein einziger Flucht-
punkt, zu dir schreie ich am Tag und in
der Nacht.

³ Laß doch endlich mein Gebet auch zu dir dringen, hör mich doch endlich und mein elendes Flehen!

⁴ Meine Seele besteht nur noch aus Leid, und
mein Leben ist dem Tod näher als dem Wunsch, weiterzuleben.

⁵ Eigentlich gehöre ich schon zu denen, die im
Grab liegen, ich bin wie ein Mann, dem man alles an
Kraft und Zuversicht genommen hat.

⁶ Eigentlich bin ich schon ein Toter, wie einer,
den man totgeschlagen und ins Grab geworfen hat.
Und an einen solchen wirst du wohl nicht mehr denken, denn mit den Toten und Leichen hast du nichts
mehr zu tun.

⁷ Du hast mich in ein tiefes, dunkles Grab gebracht, ganz tief hinab in das finsterste Loch.

[8] Schwer lastet dein Zorn auf mir, und alles fällt über mir zusammen.

[9] Die Freunde hast du mir genommen, hast dafür gesorgt, daß sie mich mit Abscheu sehen. Ich bin in Angst gefangen und komme nicht mehr selbst hier heraus.

[10] Ich kann nicht mehr klar sehen, jeden Tag, lieber Gott, rufe ich zu dir, und ich strecke in letzter Not meine Hand nach dir aus.

[11] Möchtest du denn an Toten Wunder vollbringen, willst du haben, daß Schatten auferstehen, um dann dein Lob zu singen?

[12] Glaubst du, daß man unten im Grab von dir und deiner Barmherzigkeit sprechen wird? Von deiner Treue dort unten in der dunklen Kälte?

[13] Deine Wundertaten, glaubst du, daß sie in der Finsternis aufleuchten? Glaubst du, daß deine Gerechtigkeit in einem Land bekannt wird, in dem das Nichts herrscht?

[14] Also, Gott, deshalb rufe ich zu dir, früh am Morgen schon rufe ich dich an.

[15] Warum, lieber Gott, willst du mit mir nichts mehr zu tun haben, warum versteckst du dich geradezu vor mir?

[16] Ich bin gebeugt und todkrank, seit ich überhaupt nur denken kann, und die Angst vor dir und

deiner Gerechtigkeit lastet auf mir und quält mich.

¹⁷ Die Härte deiner Gerechtigkeit hat mich an der Gurgel gepackt, die Angst vor dir vernichtet mich.

¹⁸ Die Schrecken brausen auf mich herab wie Wasserstürze, und von allen Seiten her tost die Angst auf mich herein.

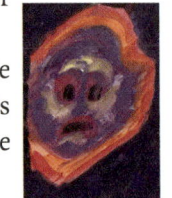

¹⁹ Du hast mir sogar meine Freunde und Bekannten weggenommen, und als einzigen Freund habe ich nur noch die eisige Finsternis.

Psalm 89

Die unlösbare Bindung an Gott

[ein Weisheitslied Ethans,
des Esrachiters]

² $\mathcal{V}$on allem was du Gutes für mich getan hast, lieber Gott, will ich ohne Ende singen und werde dies, soweit ich es kann, auch der Nachwelt verkünden.

³ Ich möchte hier sagen, daß deine Barmherzigkeit für immer und ewig besteht und deine Treue uns gegenüber ohne Ende ist.

⁴ ‚Ich habe ein ewiges Band geschlossen mit den Menschen, meinen Ebenbildern auf der Erde.

⁵ Ich habe es allen Menschen versprochen, von Generation zu Generation bei ihnen zu sein.'

⁶ Die ganze Schöpfung preist dich, lieber Gott, und die Wunder, die du geschaffen hast, und die Menschen, die auf dich hoffen, sind über deine Treue froh.

⁷ Denn der über den Wolken thront wie du, wer ist hier von den Göttern denn gleich?

⁸ Du bist im Kreise der Mitgötter groß, und dein Rat ist von allen Ratgebern der wichtigste.

⁹ Gott, wer ist wie du so mächtig, und wer ist so treu und beständig wie du?

¹⁰ Du herrschest sogar über Wogen des Meeres, die du gleich glätten kannst.

¹¹ Menschen, die sich gegen dich stellen, zertrittst du und zerstreust sie mit großer Macht.

¹² Dir gehört nicht nur der Himmel, nein auch die ganze Erde und die ganze Schöpfung, der ganze Erdkreis und was ihn erfüllt – denn alles stammt von dir.

¹³ Du hast Nord und Süd geschaffen und die ganze Natur, und die lebendige oder unbelebte Natur freut sich beim Nennen deines Namens, ihres Schöpfers!

¹⁴ Du hast unendlich Kraft, alles liegt in deiner Hand.

¹⁵ Deine Gottheit beruht auf Recht und Gerechtigkeit, Dinge, auf denen du dich in dieser Welt stütztest. Vor dir gehen Barmherzigkeit und Treue als Vorboten einher.

¹⁶ Wohl dem Menschen, der dich als König und Gott anzuerkennen weiß. Lieber Gott, ein solcher Mensch geht in deinem Licht einher.

¹⁷ Ein solcher Mensch freut sich über deinen Namen zu jeder Tages- und Nachtzeit, und über deine Gerechtigkeit ist stete Freude.

¹⁸ Du bist einem solchen Menschen Schönheit

und seine Stärke und Zuversicht und gibst ihm Kraft in deiner Güte.

¹⁹ Ja, unsere Hilfe, unser Schutz, all dies gehört dir, lieber Gott, unserem König der ganzen Menschheit.

²⁰ Einst hast du zu denen, die dich lieben, gesagt: ‚Einen Helden habe ich zum König gemacht, einen jungen Mann aus euren Volk.

²¹ Ich habe den David, meinen Knecht, gefunden und ihn zum König bestimmt.

²² Meine Hand wird ihn halten und mein Arm wird ihn unterstützen.

²³ Keinen Feind wird es geben, der ihn belügt, kein böser Mensch kann ihn je bezwingen.

²⁴ Vor diesem König werde ich alle meine Feinde zerschmettern und alle, die ihn hassen, werde ich aus dem Wege räumen.

²⁵ Meine Treue und meine Nachsicht werden diesen König immer begleiten, und wenn er seine Stimme erhebt, ist es auch meine.

²⁶ Ich lege seine Hand auf das Meer, und seine rechte Hand kann die Fluten beherrschen.

²⁷ Er wird mir zurufen: Du bist, lieber Gott, mein Vater, mein Fels und mein Heil.

²⁸ Ich mache diesen König zu meinem Sohn, zum Höchsten unter den Herrschern auf der Erde.

²⁹ Ich werde ihm alle meine Freundschaft bewahren und mein Bund soll mit ihm ewig bleiben.

³⁰ Die Menschen, die von ihm abstammen, lasse ich für ewig auch meine Freunde sein, solange es einen Himmel gibt.

³¹ Wenn seine von ihm abstammenden Menschen meine Gesetze und Weisungen nicht mehr einhalten und frei von mir leben wollen,

³² wenn sie meine Gesetze ignorieren und meine Gebote nicht mehr halten,

³³ dann werde ich das ihnen austreiben und diese Vergessenheit aus ihnen ausprügeln!

³⁴ Aber ich entziehe diesem Menschen nicht ganz meine Nachsicht und verlasse ihn nicht in meiner Treue.

³⁵ Meinen Bund werde ich nicht auflösen, denn was ich einmal gesagt habe, werde ich nie ändern.

³⁶ Eines habe ich mir geschworen, so wahr ich euer Gott bin, niemals werde ich von dem von mir eingesetzten König David abrücken:

³⁷ Sein Geschlecht soll bleiben auf ewig, sein Königtum soll Bestand haben vor mir, nicht unähnlich der Sonne.

³⁸ Er soll ewig bestehen, genau wie der Mond, das verläßliche Gebilde über den Wolken.‘

³⁹ Nun aber hast du deinen König David versto-

ßen, du hast ihn schlecht behandelt und mit deinem Zorn überschüttet.

⁴⁰ Du hast den Bund mit diesem deinem geliebten König gebrochen, du bist sogar auf seine Krone gestanden!

⁴¹ Du hast seine Mauern niedergerissen und seine Burgen zerstört.

⁴² Alle Menschen, die jetzt des Wegs kommen, plündern ihn aus, und er wird zum Gespött der Nachbarn.

⁴³ Du hast es zugelassen, daß seine Bedränger ihn bedrücken und hast seine Feinde unterstützt!

⁴⁴ Du hast die Spitze seines Schwertes gegen ihn selber gedreht und hast ihm in seinem Kampf jeden Sieg verweigert.

⁴⁵ Du warst es, lieber Gott, der ihm ein Ende gemacht hat in seiner Herrlichkeit, und seinen Thron hast du zu Boden geworfen.

⁴⁶ Du hast ihm seine Jugendtage schwer belastet und ihn mit Schande überschüttet.

⁴⁷ Wie lange noch, lieber Gott? Versteckst du dich denn ewig? Soll dein Zorn ohne Ende weiterbrennen?

⁴⁸ Denk doch, lieber Gott: Was ist unser Leben, und wie vergänglich ist doch alles auf dieser Welt, was mit Menschen zu tun hat!

⁴⁹ Wo ist denn der Mensch, der ewig lebt, nie sterben wird und sich dem letzten Griff des Todes entziehen kann?

⁵⁰ Lieber Gott, wo sind denn die Taten deiner Zuneigung zu uns Menschen geblieben? Wo ist deine Treue zu dem von dir eingesetzten König David?

⁵¹ Lieber Gott, denk an das Elend, das David und wir alle erleiden müssen. In tiefem Herzen brennt in mir der Spott und der Hohn der Völker ringsumher,

⁵² alle Feinde schmähen uns, und jedes Tun von uns wird verhöhnt.

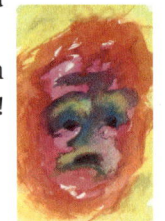

⁵³ Trotzdem seist du, lieber Gott, in alle Ewigkeit gepriesen. Ja. Gepriesen! Trotzdem!

Viertes Buch

Psalm 90

Der Ewige und der vergängliche
Weltenstaub

[ein Gebet des Moses,
des Mannes Gottes]

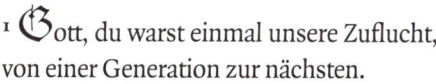 ¹ Gott, du warst einmal unsere Zuflucht,
von einer Generation zur nächsten.

² Noch bevor es Berge gab, die Erde entstand und
das ganze Weltall, bist du, Gott, von Ewigkeit zu
Ewigkeit schon lange gewesen.

³ Du bist es, der die Menschen wieder in den Staub
tritt und danach sagen kannst: ‚Komm wieder heraus, Mensch!‘

⁴ Tausend Jahre sind für dich, Gott, wie der ge-
strige bereits vergangene Tag, tausend Jahre sind für
dich ein schlafloser Augenblick!

⁵ Von Jahr zu Jahr säst du gleichsam Menschen
aus wie Saatgut, und sie gleichen dem frisch spros-
senden Gras.

⁶ Am Morgen grünt es und es fängt an zu blühen, am
Abend schon wird es abgeschnitten und es verdorrt.

⁷ Wir Menschen vergehen durch deinen Zorn, und wir werden durch dich zernichtet.

⁸ Unser dauerndes Fehlverhalten hast du vor deinen Augen, und unsere geheime Schuld ist dir ebenfalls nicht verborgen.

⁹ All unsere unwichtigen Erdentage siehst du kritisch, und wir beenden unsere Jahre für ein ewiges Seufzen!

¹⁰ Siebzig Jahre können wir alt werden, und wenn wir Glück haben sind es achtzig. Und was ist das Beste daran? Elend, Angst und Mühseligkeit. Alles geht so rasch vorbei wie im Fluge!

¹¹ Wer kennt nicht die Angst vor deinem Zorn, lieber Gott, und wer weiß nicht, daß du uns einmal richten wirst?

¹² Zeig uns doch, daß wir so endlich sind, entsetzlich endlich, und nur so können wir ein wenig Weisheit in unsere ruhelose Dummheit hineinbringen.

¹³ Lieber Gott, gib dich doch ein klein wenig mit uns ab. Hab Mitleid mit uns Menschen.

¹⁴ Gib uns schon am Morgen ein kleines Zeichen deiner Freude und Barmherzigkeit, dann leben wir den ganzen Tag davon und freuen uns!

¹⁵ Schenk uns doch genauso viele fröhliche Tage, so wie du uns böse Zeiten geschickt hast, vielleicht beide gleich lang?

16 Zeig uns armen, vergänglichen Menschlein doch deine ewigen Taten und den Generationen deine stete erhabene Macht.

17 Deine Barmherzigkeit soll ein Teil von uns werden. Dann kann alles was wir anfangen gedeihen, ja, dann gedeiht das Werk unserer Hände durch dich!

Psalm 91
In sicherem Schutz

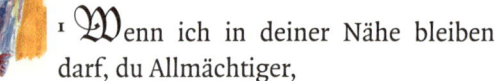

¹ Wenn ich in deiner Nähe bleiben darf, du Allmächtiger,

² dann kann ich beruhigt zu dir sagen: ‚Du bist für mich meine Zuflucht und meine Sicherheit, mein Gott, dem ich blindlings vertraue!'

³ Er wird dich nämlich aus der Schlinge der Angst und der Verzweiflung retten, aus jedem Verderben befreien!

⁴ Er gibt dir eine Perspektive, und in seiner Nähe findest du Ruhe und Sicherheit. Seine Treue ist dir ein ewiger Schutz!

⁵ Du brauchst dich nicht vor dem Schrecken der Dunkelheit zu fürchten und auch nicht vor dem Elend, das dich jeden Tag treffen kann!

⁶ Du brauchst keine Angst zu haben vor allen Krankheiten, die unerwartet uns treffen können, vor einer unheilbaren Krankheit, die am hellichten Tag jederzeit lauern kann.

⁷ Und wenn tausend Menschenschicksale, die du kennst, und die, die man dir mitteilt, entsetzlich enden, du bist davon ausgenommen.

⁸ Ja, du wirst es sehen mit deinen eigenen Augen

und wirst zuschauen können, wie mit den Ganoven umgegangen wird.

⁹ Der liebe Gott ist deine Zuflucht, du hast gut daran getan, dir den Höchsten als letzte Zufluchtsstätte zu erwählen.

¹⁰ So kann dir kein Unheil etwas zuleide tun und kein noch so schlimmer Schicksalsschlag wird dich erschüttern.

¹¹ Er hat in seinem Innern beschlossen, dich auf all deinen schicksalhaften Wegen zu behüten.

¹² Gottes gute Wünsche werden dich tragen, damit du nicht in diesem Leben strauchelst.

¹³ Du kannst sogar schlimmstes Unrecht, Böswilligkeit und Hinterhältigkeit überleben und ruhig durch diese Situationen hindurchgehen, ohne Schaden zu nehmen.

¹⁴ ‚Weil der Mensch an mir hängt, so will ich ihn genauso behüten, ich will ihn schützen, denn er verläßt sich auch auf mich!

¹⁵ Wenn er nach mir ruft, dann will ich ihn erhören. Ich werde bei ihm sein in der Not und im Elend, ich werde ihn von allem freimachen und ihm seine Depressionen nehmen.

¹⁶ Ich werde ihm ein langes, lebenswertes Dasein ermöglichen, und am Ende darf er sehen, daß die ganze Schöpfung sinnvoll und gut gemacht ist.‘

Psalm 92

Dauernde Freude

[ein Psalm. Ein Lied für den Sabbattag]

² Wie schön ist es, dir, lieber Gott, Dankeschön zu sagen und sich zu freuen, daß du, Allerhöchster, da bist.

³ Am Morgen schon möchte ich allen Menschen von dir berichten und an den Abenden von deiner Treue erzählen.

⁴ Mit allem was ich kann, mit aller Überzeugung, Erzählkunst und Argumentation, zu der ich in der Lage bin!

⁵ Du hast mich durch deine Schöpfungstaten froh gemacht. Lieber Gott, ich freue mich über alles, was du getan hast.

⁶ Großes hast du getan, lieber Gott, und nahezu unbegreiflich ist das, was wir mit unseren Augen erblicken dürfen, die Schöpfung besteht aus deinen Gedanken!

⁷ Ein dummer Mensch versteht so etwas nicht, und ein Esel wird so etwas nie verstehen.

⁸ Wenn's auch dem Gesindel auf dieser Welt gut geht und wenn alle Ungerechtigkeit, die auf dieser

Welt überhandnimmt, fröhlich weiter wächst, dann nur deshalb, weil du, lieber Gott, vorhast, alles das endgültig zu vernichten.

⁹ Lieber Gott, du bist das Größte und du bleibst es auch, und zwar auf ewig!

¹⁰ Die Menschen aber, die dir spotten, wahrhaftig die werden alle untergehen, die Menschen, die unrecht tun, werden zerschlagen.

¹¹ Du hast mir Kraft gegeben, körperliche Kraft wie einem Stier und geistige Kraft wie einem fröhlichen, unbekümmerten Menschen.

¹² Jetzt kann ich gut auf meine Feinde herabschauen, auf alle die, die es böse mit mir meinen, und ich höre mit Freude davon, wie es denen jetzt ergeht.

¹³ Der Mensch, der redlich ist, der gedeiht wie eine Palme, er wächst wie die mächtigen Zedern im Libanon.

¹⁴ Gepflanzt ganz nahe bei dir, lieber Gott, und sie ragen wie Vorhöfe deines ewigen Tempels von der Bergeshöhe herunter.

¹⁵ Sie tragen noch Frucht selbst wenn sie steinalt sind, und sie bleiben voll Saft und Kraft. Diese Bäume verkünden: Der liebe Gott ist gerecht, er ist der Halt der Schöpfung, und an ihm ist nichts Unrechtes.

Psalm 93
Göttliche Harmonie

¹ Du, lieber Gott, bist der Höchste und das mächtigste Wesen, das denkbar ist. Die ganze Schöpfung hat ihre Gesetze, und sie wird nicht auseinanderfallen.

² Du aber stehst vor jeder Schöpfung seit Ewigkeit als Urbeginn allen Daseins fest.

³ Meere erheben sich, lieber Gott, Meereswogen brausen vor sich hin, Meeresfluten tosen.

⁴ Viel gewaltiger als das Tosen aller dieser Wassermassen, gewaltiger als alle Brandungen des Meeres auf dieser Welt bist du, lieber Gott, in deiner Welt!

⁵ Deine Gesetze sind fest, verläßlich und der Urgrund unseres Seins. Lieber Gott, für alle Zeiten schuldet die Schöpfung dir unendlichen Dank.

Psalm 94

Die Gerechtigkeit

[Gott, ein wirklicher Anwalt]

1 *Lieber* Gott, der du gerecht sein willst, also erscheine als ein Gerechter.

2 Steh auf, du Richter der Erde, und zeige einmal den Stolzen ihren Meister!

3 Wie lange noch dürfen die arroganten Ganoven, Gott, über andere und dich herziehen?

4 Sie sprechen frech über jedermann, und wenn sie unrecht tun, dann geben sie noch damit an.

5 Herr, sie zertreten deine Anhänger und bestehlen sie um ihren guten Ruf.

6 Sie vergreifen sich an den ärmsten der Armen und nichts ist ihnen heilig.

7 Sie denken wahrscheinlich: Der liebe Gott sieht's nicht, weil's ihn nicht gibt!

8 Versteht doch endlich, ihr naiven Mitmenschen! Ihr Unvernünftigen, wann seht ihr's endlich ein?

9 Der soll nicht hören können, der die Ohren gemacht hat und der soll nicht sehen können, der das Wunderwerk Auge erfunden hat?

10 Der soll nicht sich wehren können, der die

Menschheit erschaffen hat, er der den Menschen Vernunft eingepflanzt hat?

¹¹ Der liebe Gott kennt die Gedanken und Denkweisen der Menschen. Sie sind nichts als ein Wind!

¹² Wohl dem Menschen, dem du Geist gegeben hast und dem deine Gesetze bekannt sind.

¹³ Du hilfst ihm in bösen Situationen, und zwar solange, bis die Arroganten selber sich das Grab schaufeln.

¹⁴ Ja, du lieber Gott wirst deine Menschen, die sich an dich klammern, niemals verlassen.

¹⁵ Es kommt der Tag, daß wieder Recht und Gerechtigkeit einen hohen Stellenwert haben, und dem folgen alle Menschen guten Willens und redlichen Herzens.

¹⁶ Wer hilft mir denn gegen die Bösartigkeit meiner Widersacher, und wer steht an meiner Seite gegenüber denen, die nichts als unrecht tun?

¹⁷ Wärst du nicht meine Hilfe, dann wäre ich bald in ewiger Verdammnis und Schweigsamkeit untergegangen.

¹⁸ Wenn ich sage: ‚Hilf mir, ich falle hin!‘, dann hilfst du mir auf, lieber Gott mit deiner Barmherzigkeit.

¹⁹ Und wenn die Sorgen in meinem Herzen immer mehr werden, so tröstest du doch meine Seele.

²⁰ Kann es sein, daß du, lieber Gott, mit einem bestechlichen Richter gemeinsame Sache machst, der das Recht beugt und lügt? Niemals!

²¹ Dieses Gesindel will das Leben von Gerechten vernichten, und sie verurteilen schuldlose Menschen.

²² Doch du, lieber Gott, bist meine einzige Zuflucht in diesem elenden Dilemma.

²³ Aber ich bin sicher, daß du diesem Gesindel das Unrecht austreiben wirst und daß du ihre Bosheit mit gleichen Mitteln denen einmal vergelten wirst. Du, die einzige Autorität, die es gibt.

Psalm 95

Aufruf zur Treue

¹ Kommt, ihr Mitmenschen, freuen wir uns einfach daran, daß es unseren Gott gibt!

² Gehen wir unvoreingenommen zu ihm und freuen uns!

³ Denn der liebe Gott ist ein Großer, größer als alle Götter, die ihr bisher angebetet habt.

⁴ In seiner Hand sind die Tiefen der Erde und die höchsten Gipfel der Berge.

⁵ Das Meer, das er gemacht hat, gehört ihm genauso wie das trockene Land, das er mit seinen Händen gebildet hat.

⁶ Kommt, ihr Mitmenschen, laßt uns dies einfach anerkennen, laßt uns gemeinsam darüber klar werden, daß dies so ist!

⁷ Es hilft nichts, er ist der Gott, ob wir's wollen oder nicht. Wir sind von ihm geschaffene Menschen und wir leben aus ihm. Wie schön wäre es, wenn wir alle dies heute noch so annehmen könnten.

⁸ ‚Seid nicht so arrogant und lehnt mich ab, wie in der Vergangenheit schon so oft geschehen!

⁹ Schon eure Vorfahren haben es immer wieder

versucht, mich auf die Probe zu stellen, obwohl sie meine Wundertaten gesehen haben und jeden Tag erfahren.

[10] So viele Jahre war mir diese Menschheit zuwider, und ich dachte bei mir: Die ganze Schöpfung läuft in die Katastrophe, weil der Mensch meine Gesetze nicht mehr kennt.

[11] Deshalb habe ich mir selbst geschworen, daß der Mensch nicht zu mir in die ewige Seligkeit kommen soll!'

Psalm 96
Er ist der höchste gerechte Richter

¹ Freut euch an dem lieben Gott, alle Menschen, von woher ihr auch kommt!

² Freut euch daran und sagt euch dieses immer wieder.

³ Erzählt es untereinander, was er alles an Großartigem gemacht hat.

⁴ Er ist wirklich das Beste, das es gibt, und er steht himmelhoch über allen anderen Göttern, die ihr anbetet!

⁵ Eure Götter, Geld, Reichtum, Ehre, Macht sind nichts wert, Gott hat euch nämlich die ganze Schöpfung gemacht.

⁶ Wunderbar ist sie, sie ist ein Abbild von ihm.

⁷ Seid doch einfach dankbar, ihr Menschen, und respektiert wenigstens seine Taten!

⁸ Ehrt die Schöpfung, geht behutsam mit ihr um und benutzt sie weise!

⁹ Werdet demütig und bescheiden, euer allerbester Schmuck, und behandelt Gott und die Welt gut!

¹⁰ Erzählt euren Mitmenschen, der Schöpfer ist großartig, er hat die Erde und den Himmel gemacht, ihnen Naturgesetze gegeben, und nach denen wer-

det auch ihr Menschen gerichtet werden, wie es recht ist!

11 Überall auf der Welt und in der ganzen übrigen Schöpfung soll man sich darüber freuen, selbst auf den Meereswellen soll Freude sein über den, der alles gemacht hat.

12 Alles Land, Äcker, Wiesen und Weiden und alle Bäume und alle Pflanzen weisen auf den großartigen Schöpfer hin!

13 Es kommt nämlich alles von ihm, und er wird selbst kommen, um nach seiner Schöpfung zu sehen oder was ihr aus ihr letztlich gemacht habt.

Psalm 97
Der gewaltige Richter

¹ Der liebe Gott ist unser Schöpfer und damit auch unser Herr, alle Welt soll sich darüber freuen, selbst die von den äußersten Rändern unserer Welt.

² Gott ist umgeben von Dunkel und Wolken, er selbst ist nicht sichtbar, aber seine Gerechtigkeit und das Recht, das er uns gegeben hat, sind die irdischen Stützen seiner Herrschaft.

³ Wie mit Feuer tritt er in die Seelen der Menschen ein.

⁴ Der ganze Erdkreis wird durch ihn wie mit Blitzen erhellt, und er bringt unser Inneres zum Beben.

⁵ Selbst riesige Berge schmelzen wie Wachs, wenn es Gott so will.

⁶ Über seine Gerechtigkeit verkündet die ganze Schöpfung, und seine Naturgesetze müssen alle Lebewesen respektieren.

⁷ Alles Gesindel, das nur Bilder und Statuen anbetet, wird untergehen. Alle diese Götzen, welche die Menschen anbeten, müssen sich vor dem lieben Gott verbeugen.

8 Redliche Menschen hören es und freuen sich darüber, daß du, lieber Gott, gerecht bist.

9 Du, Gott, bist der Höchste und das Größte was wir denken können, und du übertriffst alle Götter, die wir auf dieser Welt gemacht haben.

10 Ihr Menschen, die ihr Gottes Wort liebt, haßt alles Böse! Er behütet die freundlichen Menschen und entreißt sie aus der Gewalt von Missetätern.

11 Ein Blick in die ganze Schöpfung und ihre Naturgesetze macht redlichen und gutwilligen Menschen die größte Freude!

Psalm 98

**Etwas Seltenes:
Ein gerechter Richter**

¹ Seid jeden Moment eures Lebens froh in Gott, denn er hat alles wunderbar gemacht. Er hat jedem zu seinem Recht verholfen, der es verdient.

² In den Naturgesetzen seiner Schöpfung hat er seine Gerechtigkeit gezeigt vor jedem, der guten Willens ist, es zu erkennen.

³ Der liebe Gott hat daran gedacht, daß er den von ihm geschaffenen Menschen seine Treue hält, und alle auf der Welt können dies mit ihren eigenen Augen sehen.

⁴ Seid gelassen und freut euch, er ist einer von euch!

⁵ Denkt mit großer Liebe und innerer Freude an euren Gott.

⁶ Wenn ihr das tut, bekommt ihr eine große fröhliche innere Harmonie.

⁷ Alles was existiert lobt dich, Gott, die ganze Schöpfung, alles was im Meer ist und auf der Erde und im Himmel lebt.

⁸ Sogar die Flüsse klatschen vor Freude in die Hände und die Berge jubeln im Chor.

9 Alle Welt freut sich, wenn er kommt, um die ganze Schöpfung zu richten. Er richtet alles auf dem ganzen Erdkreis gerecht, jeden einzelnen, so wie sich's gehört.

Psalm 99

Unsere Zuflucht

¹ Der liebe Gott ist der Urgrund unseres Seins. Alles Ungläubige wird erzittern, denn deren Weltanschauung wankt.

² Du, lieber Gott, bist groß, du stehst weit über den alltäglichen Sorgen und Nöten der Völker.

³ Alle sollten dich anerkennen und dich als gemeinsamen Herrn sehen.

⁴ Du liebst Gerechtigkeit, lieber Gott, und hast uns eine rechte Weltordnung gegeben, du hast unseren Vorvätern Recht und Gerechtigkeit gezeigt.

⁵ Seid drum froh, ihr Mitmenschen, daß es so ist. Unterwerft euch freiwillig dieser Gerechtigkeit, sie ist gut!

⁶ Die großen Vorväter haben schon deinen Namen angerufen, und du hast sie alle erhört.

⁷ Du hast aus einer Wolkensäule zu ihnen gesprochen, und sie hielten deine Gebote und Satzungen, die von dir stammten.

⁸ Du, lieber Gott, hast sie erhört, du warst ein verzeihender Gott, hast ihnen aber auch ihre Fehler mitgeteilt!

⁹ Danke, lieber Gott, danke dafür, daß du uns geschaffen hast und daß wir an dir, unserem Schöpfer und Verursacher festhalten dürfen.

Psalm **100**

Danklied

[ein Psalm zum Dankopfer]

1 Seid froh wegen eures Herrn und Schöpfers, alle Menschen auf dieser Erde.

2 Schaut auf ihn, erkennt ihn und richtet euch nach ihm mit großer Freude.

3 Versteht doch: Es gibt einen allmächtigen Schöpfer, der uns geschaffen hat und uns alle als sein Eigentum ansieht, gleich wie wenn wir eine Herde auf seiner Weide wären.

4 Wenn ihr über ihn nachdenkt und euch ihm nähern wollt, dann tut dies mit Dankbarkeit und Demut.

5 Der liebe Gott ist nämlich gütig und von einer Generation zur anderen bleibt er immer derselbe liebenswerte Schöpfer.

Psalm **101**

Morgengedanken

[ein Psalm Davids]

¹ Ich will dir etwas vortragen, lieber Gott, was mit Recht und Gesetz zu tun hat.

² Ich will stets darauf achten, bewährte und gute Wege meiner Vorfahren auch zu beschreiten. Aber wann kommst du zu mir? In der Stille meines Inneren warte ich schon so lange ergeben auf dich.

³ Die Schandtaten dieser Welt interessieren mich nicht, und ich hasse es, Böses zu tun. Ich gehe dem weit aus dem Wege.

⁴ Lüge und Boshaftigkeit lasse ich nicht zu und will es gar nicht erst erfahren.

⁵ Wenn wieder einmal über einen Abwesenden heimlich Verleumdungen ausgestreut werden, dann bringe ich diese Menschen zum Schweigen. Arrogantes Auftreten und hochmütige Idioten kann ich nicht ertragen.

⁶ Ich suche die redlichen Menschen guten Willens und umgebe mich mit ihnen. Wer anständig seinen Lebensweg geht, mit dem möchte ich leben.

7 In meiner Umgebung möchte ich keine Ganoven haben, keinen Lügner und keinen Betrüger, wenn
ich davon weiß.

8 Jeden Morgen spreche ich zu
mir selbst, nichts Böses zu tun, und
das Böse um mich herum möglichst
zu vermeiden oder niederzuhalten.

Der Dichter Wilhelm v. Wolf

Psalm **102**

In Unglück und Verzweiflung

[Gebet eines Unglücklichen,
wenn er in Verzweiflung ist und
vor dem Herrn seine Sorge ausschüttet]

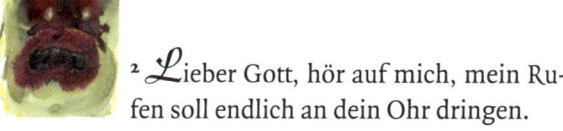 ² *L*ieber Gott, hör auf mich, mein Rufen soll endlich an dein Ohr dringen.

³ Versteck dich doch nicht vor mir, gerade jetzt wo ich in Not bin. Zeige dich mir, und wenn ich rufe, gib Antwort! Bald!

⁴ Meine Lebenszeit scheint mir wie Rauch zu sein, mein Körper brennt wie Feuer.

⁵ Mein Herz und mein ganzes Inneres ist verdorrt und verbrannt, und ich habe an den Dingen des Lebens keinerlei Freude mehr.

⁶ Vor lauter Sorgen und Nöten bin ich nur noch Haut und Knochen.

⁷ Ich fühle mich wie ein Vogel mitten in der trockenen Wüste, wie eine Eule in Ruinen.

⁸ Ich liege nachts wach, und ich kann nur noch klagen wie ein einsamer Vogel auf dem Dach.

⁹ Den ganzen lieben langen Tag beschimpfen mich meine Widersacher, sie verhöhnen mich und fluchen mir.

¹⁰ Staub muß ich fressen anstatt Brot, und Tränen trinke ich anstatt Wasser.

¹¹ Allen Menschen scheint es, wie wenn du mich verflucht hättest oder das Schicksal, das du ja bist, mich durchgeschüttelt hätte.

¹² Mein Leben ist schon fast wie ein Schatten, und ich verdorre wie Gras.

¹³ Du aber, lieber Gott, lebst in deiner Welt für ewig, und dein Name dauert von einer Generation zur anderen.

¹⁴ Ich bin ganz sicher, daß du dich einmal aufraffen wirst, um den Menschen, die dich lieben, zu helfen. Diese Stunde ist jetzt da.

¹⁵ Menschen, die dir nachfolgen, hängen an deiner Lehre, und es schmerzt sie, wenn keiner sie ihnen mehr vorträgt.

¹⁶ Alle Menschen sollten doch wieder deinen Namen so erkennen, alle Machtpotentaten sollten wieder Respekt vor deiner Schöpfung haben.

¹⁷ Wir hoffen doch, daß du den Gottesglauben wieder aufrichtest, der in seiner Schönheit fast vergessen ist.

¹⁸ Irgendwann mußt du doch wieder auf das Gebet der armen Menschen hören, lieber Gott, und ihre Bitten ernst nehmen.

¹⁹ Ich habe dies deswegen aufgeschrieben, daß

kommende Generationen, die du, lieber Gott, erst noch erschaffen wirst, auch von dieser guten Botschaft gehört haben.

²⁰ Denn du, lieber Gott, schaust herunter aus deiner anderen Welt, aus deiner Ewigkeitswelt schaust du auf die vergehende Erde.

²¹ Du willst auf das Seufzen von Gefangenen hören und alle Menschen befreien, die sterben müssen.

²² Wenn sie wieder Zuversicht haben, dann werden sie auch wieder froh in dir!

²³ Auch die übrigen Menschen, arm und reich, werden sich dann wieder um dich versammeln, um dich zu verehren.

²⁴ In der Mitte meines Lebens hast du mir jetzt die Kraft genommen, und das Ende meiner Tage ist in Sichtweite.

²⁵ Ich bitte dich deshalb: Nimm mich nicht weg aus der Mitte des Lebens, lieber Gott, du, dessen Jahre nicht gezählt werden können, da sie ewig sind.

²⁶ In der Urzeit hast du die Erde geschaffen, auch die Himmel und alles was dazugehört.

²⁷ All dies wird vergehen, du aber bleibst. Alles um uns herum wird zerfallen wie ein Stück alter Stoff, der zu nichts wird.

28 Du aber bleibst in Ewigkeit, du, dessen Jahre nie enden können und werden.

29 Unsere Nachkommen werden kommen und gehen, aber du bleibst immer derselbe.

30 Selbst die Nachkommen unserer Nachkommen werden verschwinden und neue werden kommen, aber du bleibst der Gleiche in alle Ewigkeit.

Psalm 103

Heilsgewißheit

[von David]

¹ $\mathcal{L}$ieber Gott, ich bin froh in dir, mein ganzes Inneres ist zufrieden.

² Ich dank dir mit meinem ganzen Inneren, lieber Gott. Ich werde nie vergessen, was du mir Gutes angetan hast.

³ Du, der mir alle meine Schuld vergeben hat und meine Gebrechen und mich ganz aus meinem Elend holst.

⁴ Du, der du mein Leben vor dem Untergang rettest und mich wider mein Erwarten nur gut behandelst.

⁵ Du, der du mir mein Leben lang alles gegeben hast, was zum Leben notwendig war und du, der du mich aus meinem krankhaften Elend herausgenommen hast und mir neue Perspektiven gabst.

⁶ Du, lieber Gott, machst alles heil, du schaffst den Unterdrückten sogar Recht.

⁷ Er hat bereits im Altertum unseren Vorfahren seine Wege gezeigt und den früheren Menschen seine Wunderwerke auf dieser Welt.

8 Lieber Gott, du bist barmherzig und gnädig, du schaust lange zu, wie wir Menschen leben und bist gütig wie du selbst.

9 Du wirst nicht immer zornig sein auf uns, nicht im ewigen Zorn gegen uns bleiben, selbst wenn wir ihn verdient haben.

10 Du, lieber Gott, handelst nicht an uns, wie wir es in unseren Boshaftigkeiten verdient hätten, du rächst dich nicht für die Untreue, die wir dir gegenüber gezeigt haben.

11 So hoch wie der unendliche Himmel über uns steht, so hoch ist auch deine Zuwendung zu denen, die dich gerne haben.

12 Soweit der Sonnenaufgang entfernt ist vom Sonnenuntergang, soweit entfernst du von uns Menschen die Schuld.

13 So wie ein Vater sich selbstverständlich um seine Kinder kümmert, so tust du es mit allen, die sich zu dir bekennen.

14 Er weiß ja, was wir für zerbrechliche Gebilde sind. Er weiß: Wir sind nur Staub.

15 Der Mensch und sein Leben sind wie frisches grünes Gras, und manchmal sind wir wie ein Feldblumenstrauß.

16 Kommt der heiße Wind darüber, ist die ganze Herrlichkeit schnell zu Ende. Man kennt nicht ein-

mal mehr den Ort, wo diese fragilen Menschen-
pflänzchen standen.

[17] Aber die Zuneigung Gottes ist immer da, immer und ewig, und zwar für alle, die ihn gerne haben
und bei ihm sein möchten. Noch Generationen danach wird seine Zuwendung zu uns zu spüren sein.

[18] Dies ist für alle Menschen so, die seine Gesetze
achten, täglich an seine Gebote denken und versuchen, die auch einzuhalten.

[19] Der liebe Gott ist in seiner Welt weit über den
Himmeln, in seiner Sphäre beherrscht er das Weltall.

[20] Seid froh im Herrn, alle ihr die lebt, ihr Mächtigen, ihr Schwachen, ihr, die ihr seine Befehle aus-
führt und seinen Worten gehorcht!

[21] Seid froh im lieben Gott, alle Menschen, alle
die, die ihm dienen und das tun, was er uns in seinen
Gesetzen vorgeschrieben hat.

[22] Seid einfach innerlich froh und zufrieden, überall wo immer ihr auch seid und woher ihr kommt. Lobe den lieben Gott, mein
ganzes Inneres!

Psalm 104
Der große Schöpfer

¹ 𝕾ei froh meine Seele über deinen Schöpfer. Wie groß bist du, lieber Gott, und wie herrlich ist dein nicht begreifbares Wesen.

² Du bist das Licht, die Farbe in einem Stück Stoff, du bist der, der den Himmel ausgespannt hat wie ein großes Zelt.

³ Du lebst in unzugänglichem Licht in einer anderen Welt, die wir nur erahnen können, manchmal meinen wir, daß du auf den Wolken des Himmels daherkommst oder auch im Sturmwind.

⁴ Du kannst die Winde auf der Welt dir dienstbar machen, und auch das Feuer gehorcht deinem Willen.

⁵ Diese ganze Schöpfung hast du fest gegründet, ihr Naturgesetze gegeben, die in der ganzen Zeit ihres Bestehens nicht wanken werden.

⁶ Vor der Zeit hat die Urflut die ganze Erde bedeckt, und selbst die Berge standen unter Wasser.

⁷ Du hast dem Wasser gedroht und die ganzen Wasserfluten flohen vor der Kraft deiner Stimme.

⁸ Und daraufhin sind Berge entstanden und Täler, und zwar genau so, wie du es bestimmt hast.

⁹ Du hast dem Wasser seine Grenze gesetzt, die es

nicht überschreiten darf, und es soll so sein, daß die Urflut nie mehr über dem festen Land zusammenschlägt.

¹⁰ Du hast Quellen hervorsprudeln lassen in den Tälern, und die kleinen Bächlein rinnen zwischen den Bergen dahin.

¹¹ Für alle Tiere auf dieser Welt ist dieses Wasser Grundlage des Lebens, und selbst die Geringsten unter ihnen trinken und leben davon.

¹² An den Ufern dieser Wasserströme wohnt alles Leben, von den niedrigen Kriechtieren bis zu den Vögeln, die dort ihr Gezwitscher ertönen lassen.

¹³ Du tränkst die ganze Welt mit Regen aus deinen Wolken, und die Erde wird satt und fruchtbar davon.

¹⁴ Du läßt alle Pflanzen wachsen für die Tiere und auch für den Menschen, der sie kultiviert, um Brot damit zu gewinnen aus der Erde.

¹⁵ Auch holt er aus den Trauben den Wein, der ihn so sehr erfreut. Durch den Wein strahlt der Mensch, und das Brot macht den ganzen Menschen satt und froh.

¹⁶ Alle Pflanzen trinken sich satt, von den kleinsten bis zu den größten die es gibt.

¹⁷ In den größten bauen die Vögel ihr Nest und in den höchsten Zypressen findet sich das Storchennest.

¹⁸ Die höchsten Berge sind Heimat für den Stein-

bock, und auf den unzugänglichen Felsen finden sich Dachse.

¹⁹ Du hast den Mond gemacht als Zeitmesser, und auch die Sonne weiß genau, wann sie auf- und unterzugehen hat.

²⁰ Du hast Finsternis und Nacht beschlossen und den Rhythmus des Schlafs für Mensch und Tier bestimmt.

²¹ Du hast es gewollt, daß junge Löwen nach Beute rufen, denn auch sie verlangen von dir ihre Nahrung.

²² Wenn die Sonne aufgeht, dann schleichen sie sich heim in ihre Verstecke.

²³ Dann kann der Mensch hinausgehen, um zu arbeiten bis zum Abend.

²⁴ Lieber Gott, wie großartig und zahlreich sind deine Wunderwerke. Du hast mit deiner Weisheit alles gemacht, die Erde ist voll von deinen Geschöpfen.

²⁵ Schau hin auf das Meer, das so unermeßlich und groß scheint, darin findet sich Leben ohne Zahl, von den kleinsten bis zu den größten Tieren.

²⁶ Darauf ziehen die Schiffe ihre Bahn, und auch manches furchtbare unbekannte Tier, das du gemacht hast, spielt dort mit den Wellen.

²⁷ Alle warten sie auf dich, daß du ihnen ihre Nahrung gibst zu der Zeit, wenn sie Hunger haben.

²⁸ Du gibst es ihnen, und sie sammeln es ein. Du

öffnest mit Freizügigkeit deine Hand, und sie werden satt werden von den Herrlichkeiten dieser Welt.

²⁹ Wenn du dich aber verbirgst, so sind sie verstört. Wenn du ihnen die Luft wegnimmst, so sind sie in großer Not, sie sterben und kehren zur Erde zurück.

³⁰ Du aber, lieber Gott, sendest deine Zuversicht auf alle Menschen und Tiere aus, und so können sie leben, und so haben sie eine Zukunft vor sich.

³¹ Die Gesetzmäßigkeiten deiner Schöpfung sollen ewig so bleiben, und du sollst Freude an dem haben, was du gemacht hast.

³² Wenn du auch nur einen Blick auf diese Erde wirfst, dann erbebt sie, und wenn du die Berge anrührst, dann rauchen sie.

³³ Ich will dir solange ich lebe von Herzen dankbar sein. Ich will dir ein frohes Lied singen solange ich lebe.

³⁴ Ich hoffe, daß es dir gefällt, wenn ja freue ich mich von Herzen!

³⁵ Das bösartige Gesindel aber, das dich nicht kennt und dich verneint, sie sollen von dieser Schöpfung verschwinden, und es soll keine Ganoven mehr geben, die diese ganze wohlgefügte Welt zerstören. Mein ganzes Inneres, lobe deinen Schöpfer! Immer!

Psalm 105

Befreiung aus Bedrückung

[der Herr der Geschichte]

¹ Feiert euren Herrn und ruft nach seinem Namen! Erzählt unter den Völkern, was er alles getan hat!

² Seid froh über ihn und denkt über den Sinn der Schöpfung und aller seiner Wunder darin nach!

³ Seid froh, daß ihr ihn kennt und alle, die ihn suchen, sollen sich in ihrem Inneren von Herzen freuen.

⁴ Hinterfragt immer in allem, was der liebe Gott hiermit sagen will und sucht ihn und seinen Willen in allem.

⁵ Denkt doch an die Zeit, als er alles um uns herum geschaffen hat, seht die Spuren von ihm und die Gesetzmäßigkeiten der Natur, die von ihm sind.

⁶ Denkt doch daran, ihr Menschenkinder, die ihr als seine Geschöpfe alle von ihm abstammt.

⁷ Er ist unser Gott und er bleibt in Ewigkeit der Erhalter der Schöpfung.

⁸ Er denkt ewig daran, was er seinen Geschöpfen, den Menschen, seinen Ebenbildern versprochen hat für alle Zeiten.

⁹ Das Versprechen, das er vor Urzeiten mit Abraham geschlossen hat, und an den Eid, den er Isaak geschworen hat.

¹⁰ Dieser Eid ist auch für Gott bindend, als ewiges Zeichen der Bindung zu uns Menschen.

¹¹ Er hat dir, Mensch, am Anfang der Welt einen Platz auf dieser Erde gegeben, auf dem du daheim sein kannst.

¹² Damals waren die Menschen noch wenige und die Erde war noch sehr groß,

¹³ sie zogen von einem Ort zum andern als Nomaden und ließen sich da und dort nieder.

¹⁴ Damals waren sie noch freie Menschen und niemand bedrückte sie:

¹⁵ ‚Die ganze Menschheit soll in Frieden und Ruhe leben und tut denen, die gut von mir sprechen, nichts zuleide!‘

¹⁶ Dann aber ließ Gott uns hungern, plötzlich war kein Brot mehr da.

¹⁷ Er hatte ihnen aber einen Mann geschickt namens Josef, und der wurde als Sklave verkauft.

¹⁸ Man hat seine Füße gefesselt und seinen Hals in Eisen gelegt,

¹⁹ und zwar solange, bis Gott diesem unwürdigen Tun ein Ende setzte.

²⁰ Er ließ es nicht mehr zu, daß er gefangen saß und ließ ihn frei.

²¹ Er machte ihn frei, den Menschen, und setzte ihn zum Verwalter der ganzen Welt ein.

²² Er sollte zusammen mit seinen Mitmenschen den Schöpfungsgedanken weiterführen und mit Weisheit und Behutsamkeit die Welt regieren.

²³ Und die ganze Menschheit wurde maßlos und kam immer mehr in Abhängigkeit von ihrer eigenen Unmäßigkeit.

²⁴ Gott hat es zugelassen, daß die Menschheit wuchs und daß sie sich immer mehr ausbreitete.

²⁵ Dann fingen sie an, untereinander sich zu hassen und die Gutwilligen und Bescheidenen zu unterjochen.

²⁶ Daraufhin sandte er den Moses und den Aron, Menschen, die gottergeben waren.

²⁷ Die sollten die Weltordnung wieder geraderükken und wirkten überall im Sinne Gottes.

²⁸ Gott sandte den Menschen als Warnung Katastrophen sowie eine große Dunkelheit, aber sie achteten nicht darauf.

²⁹ Sie sahen, wie ihre Gewässer verschmutzt und vergiftet waren und alle Fische starben.

³⁰ Auf der Erde wimmelte es plötzlich von Ungeziefer, das bis in die Wohnungen der Menschen eindrang.

³¹ Gott schickte Schwärme von Fliegen, von Stechmücken und giftigen Insekten auf die Erde.

³² Er schickte ihnen als ein Zeichen Hagel anstatt Regen und flammendes Feuer anstatt wärmende Sonne.

³³ Er zerschlug ihnen die Weinstöcke und die Feigenbäume und knickte sogar ihre Bäume um, von denen sie lebten.

³⁴ Er schickte ihnen als warnendes Zeichen riesige Schwärme von Grillen und Wanderheuschrecken.

³⁵ Die fraßen alles Grün und die Frucht ihrer Felder im ganzen Land auf.

³⁶ Als furchtbares Zeichen ließ er sogar Kinder sterben in der ganzen Blüte ihrer Jugend.

³⁷ Dann führte er die Gutwilligen und Bescheidenen aus dieser selbstgewählten Unmündigkeit wieder heraus, und plötzlich sah man, daß sie wieder stark wurden.

³⁸ Als die Menschen aus ihrer Unmündigkeit herauswollten, blieben die Schwächlinge mit Schrecken und Angst zurück.

³⁹ Die aber, die sie verließen, wurden von Gott wie eine Wolke umgeben, und um sie herum wurde es hell und sie sahen wieder klarer.

⁴⁰ Als sie Gott um Nahrung baten, schickte er ihnen alles, was sie brauchten, sogar das Brot vom Himmel.

⁴¹ Er öffnete sogar aus trockensten Felsen Spalten, und daraus floß Wasser im Überfluß, Zuversicht in ihre geistige Wüste!

⁴² Denn der liebe Gott dachte an das Versprechen, das er den gutwilligen Menschen zu Anfang gegeben hatte.

⁴³ Er führt die Gutwilligen aus ihrer Beschränktheit und ihrem Elend heraus und führt sie zur Freude.

⁴⁴ Er ermöglicht es ihnen, das Leben in einer geistigen Freiheit, die niemand sonst hat, und sie hielten sich an seine Worte und Versprechungen. Ja, so war es und so ist es!

Psalm **106**
Auf dem Lebensweg

1 Danke, lieber Gott! Danke dir, du bist wirklich freundlich, und das soll ewig so bleiben.

2 Wer weiß denn, was du alles Großes getan hast?

3 Denen soll es auch weiterhin gut gehen, die das Recht bewahren und stets das tun, was gerecht ist.

4 Denk an mich auch, lieber Gott, so wie du vielen anderen auch schon geholfen hast.

5 Bewahre in mir die Zuversicht, daß du deine Freude an mir und ich an dir habe, ein Wunsch, der nie aufhören soll.

6 Wir Menschen haben zusammen mit unseren Vorfahren so vieles falsch gemacht und gegen deine Gesetze verstoßen.

7 Unsere Vorfahren haben oft dein Wirken und deine Freundlichkeit nicht verstanden und haben dich sogar abgelehnt und gehaßt.

8 Und trotzdem hast du sie alle bewahrt, wie du es versprochen hast, aufgehoben in deinen Versprechungen.

9 Er hat sogar mit dem Meer gesprochen, und es

wurde trocken und deine Vorfahren konnten ohne
naß zu werden durch riesige Fluten laufen.

¹⁰ Er hat euch aus der Hand von denen gerettet,
die nur Böses und Hinterhältiges mit euch vorha-
ben.

¹¹ Er hat die Bösartigen in den Fluten einfach umkommen lassen, und nicht einer blieb übrig.

¹² Dann glaubten sie einmal an Gottes Wort, und
über diese Tat waren sie froh.

¹³ Doch wie schnell haben sie all das vergessen,
und sein Wort war wieder aus den Augen und aus
dem Sinn, schwach und menschlich!

¹⁴ Kaum kam eine Durststrecke, da schimpften
sie auf Gott und verlangten alles mögliche und un-
mögliche.

¹⁵ Er gab ihnen sogar was sie verlangten, aber sie
waren damit nicht zufrieden.

¹⁶ Jetzt fingen sie untereinander an zu streiten
und verlegten den ganzen Haß, den sie hatten, auf
die, die von dir gut sprachen.

¹⁷ Du hast dieses Gesindel in ihren Gräbern verschwinden lassen und löstest so diese Auseinander-
setzung.

¹⁸ Diese ganze Rotte hast du ausgetrocknet, und
das Gesindel starb an Durst.

¹⁹ Unvorstellbar, daß diese Atheisten draußen ein

Kalb zu ihrem Gott erkoren und sich gar noch vor einem Bild einer Kuh niedergeworfen haben, um es anzubeten.

²⁰ Das großartige Bild dessen, der die Welt geschaffen hat, tauschten sie gegen eine Kuhfigur, die Gras frißt.

²¹ Sie haben dich vergessen, lieber Gott, ihren Retter, der sie einst aus dem größten Elend herausgeführt hat.

²² Er hat sie von der geistigen Leere befreit und sie vor dem drohenden Nichts gerettet.

²³ Leicht einsehbar, daß du, lieber Gott, die ganze Mischpoche am liebsten entsorgt hättest, wären da nicht wenige Gutwillige, Bescheidene gewesen, die für die gedankenlose Mehrheit in die Bresche gesprungen wären, um deinen Entschluß der Zerstörung nicht in die Tat umzusetzen.

²⁴ Die Atheisten möchten nichts mit dir zu tun haben, und sie glauben nicht an deine Gesetzmäßigkeiten.

²⁵ Wenn sie unter sich sind, dann schelten sie, maulen und fluchen auf göttliche Gebote.

²⁶ Dank ihrer Hohlheit und Leere hätten sie sich fast selbst vernichtet,

²⁷ in ihrer Dummheit wären sie fast in alle Welt versprengt worden.

[28] Sie machten sich neue Götter und fraßen Opfergaben von toten Götzen.

[29] Sie schimpften auf Gott und machten alles nur Schändliche gegen die Schöpfung, solange bis ihnen ihr eigenes schändliches Tun auf die Füße fiel.

[30] Gütige Menschen traten auf und warnten, nur so konnte die Katastrophe abgewandt werden.

[31] Das rechnete Gott diesen Anständigen als Gerechtigkeit an, und zwar denen und ihren Nachkommen für ewig.

[32] Immer wieder erregten sie den Zorn Gottes, und den Gerechten ging es schlecht.

[33] Sogar die Gerechten und Anständigen wurden verbittert.

[34] Diese blieben nicht beieinander, wie es ihnen Gott geraten hatte,

[35] im Gegenteil, sie machten gemeinsame Sache mit den Bösen und lernten, wie man damit ganz gut leben kann.

[36] Sie fingen wieder an, ihren selbstgemachten Götzen zu dienen, und das wurde ihnen zur verhängnisvollen Falle.

[37] Sogar ihre eigenen Kinder ließen sie in geistiger Leere zurück, ein Opfer für jeden Aberglauben.

[38] Schuldlose Kinderseelen behandelten sie schlecht, und es war ihnen schlicht egal, daß ihre eigenen Kinder

nur noch dem Materialismus huldigten. So wurden sie alle schuldig.

39 Dadurch entfernten sie sich immer weiter von Gott und brachen mit ihm die Treue.

40 Was für ein Wunder, daß der liebe Gott einen Zorn auf sie hatte. Er empfand Abscheu gegen die, denen er alles versprochen hatte.

41 Er ließ sie so weitermachen, und sie begaben sich in innere Abhängigkeiten, und die beherrschten sie jetzt.

42 Jetzt wurden sie durch sich selber bedrängt, und sie waren Knechte ihrer eigenen Denkweise.

43 Wie oft hast du sie, lieber Gott, davon zu befreien versucht, aber immer wieder versanken sie in ihrem primitiven Egoismus.

44 Und selbst dann noch, wenn sie rufen, hörst du auf sie.

45 Und du bist es, der sich an seine Versprechungen erinnert, nicht sie, und hast Mitleid auch mit den letzten boshaften Menschen.

46 Sogar die, die sich von dir ganz abgewendet haben, fanden dann noch dein Erbarmen.

47 Hilf uns, lieber Gott, und führe alle Menschen guten Willens zur Einsicht. Wir wollen gemeinsam und in Demut uns mit deiner

Schöpfung zusammentun und froh über dich sein, froh daß wir einen Sinn in allem sehen dürfen.

48 Danke, Gott, von Anfang bis ans Ende aller Zeiten, danke. Ein Wunsch soll in Erfüllung gehen: Daß alle sagen, danke, lieber Gott!

Fünftes Buch

Psalm 107

Dank der Angsterlösten

[ein Danklied]

¹ Danke, lieber Gott, denn du bist wirklich gütig und das dauert, so hoffe ich, ewig.

² Alle sollen so sprechen, denn du hast die Menschen erlöst und von Schuld befreit.

³ Du hast sie überall auf der Welt gesammelt, vom Aufgang der Sonne bis zu ihrem Niedergang, vom Norden und Süden.

⁴ Sie, die in ihrer geistigen Orientierungslosigkeit herumirrten und keinen Weg zu einem sinnvollen Dasein fanden.

⁵ Sie, die im Inneren Hunger und Durst litten, denen das Leben nichts mehr wert war,

⁶ die aber dann doch in ihrer Angst zum lieben Gott flehten, der ihnen dann ihre Ängste entriß.

⁷ Er führte sie wieder auf geraden Wegen, daß sie hinter allem wieder Sinn und Ziel sahen.

[8] Alle sollten sie dankbar sein, daß sie in einer solchen Schöpfung leben dürfen.

[9] Er gibt unserem suchenden Fragen eine sinnvolle Antwort und unserem Hunger geistige Speise!

[10] Gottlose Menschen sitzen im Dunkel und in Finsternis, gefangen in Elend und Selbstmitleid,

[11] gerade die, die Gottes Worten getrotzt und die Naturgesetze verachtet hatten.

[12] Gerade die, die sich so groß selbst genügen, stürzen zu Boden, und die, die niemand haben,

[13] die in ihrer Bedrängnis nach Sinn und Gott schrien, entriß er aus ihren Ängsten.

[14] Alle die, die er aus dem Dunkel und der Finsternis ihrer Ängste herausführte, die er von ihren Zwängen befreite,

[15] die sollen dem lieben Gott dankbar sein für alles, vor allem für dieses wunderbare Tun.

[16] Er hat die ewige Angst und das dauernde Kreisen um die eigene Furcht zerschlagen.

[17] Die Menschen, die dahinsiechen in ihrem sinnlosen Treiben, gefangen in ihrem eigenen miesen Tun,

[18] die keine Freude mehr an nichts hatten und schon ziemlich nahe am Tod standen,

[19] die hat er aus ihren Ängsten entrissen, als sie ihn in ihrer Bedrängnis anriefen.

²⁰ Er hat ihnen sein Wort gegeben, daß er sie heilen und vom Verderben befreien wird.

²¹ Sie alle sollen dankbar sein für das wunderbare Eingreifen ihres Schöpfers in diese Welt.

²² Dankbarkeit, nur unbedingte fröhliche Dankbarkeit soll dir gezeigt werden.

²³ Die sollen ihm danken, die mit ihren Schiffen das ganze Meer befuhren und auf den großen Wassern ihren Handel trieben.

²⁴ Die sollen dankbar sein, die selbst in der Tiefe des Meeres noch seine Wunder der Schöpfung bestaunen konnten.

²⁵ Auch die, die Gott in einem Sturm erleben konnten, der die Wogen des Meeres aufpeitschte,

²⁶ die, die zum Himmel hinaufgeflogen sind und hinabgefahren waren in die tiefste Tiefe des Meeres und Angst hatten, was sie dort erwartete.

²⁷ Die sollen dankbar sein, die wie betrunken waren und schwankten und am Ende waren mit all ihrer Weisheit,

²⁸ und dann in dieser Not zu Gott riefen, der sie wiederum aus all ihrem Elend entriß.

²⁹ Gott kann aus einem Sturm ein leises Säuseln machen und die Wogen des Meeres glätten.

³⁰ Und dann können sich die freuen, die in ruhigem Wasser den ersehnten Hafen anlaufen können.

³¹ Alle sollen sie dankbar sein für dieses wunderbare Tun.

³² Bei jeder passenden und unpassenden Gelegenheit sollen sie auf die Großartigkeit ihres Gottes hinweisen bei Jung und Alt.

³³ Er kann ganze Wasserströme zu einer dürren Wüste machen und Oasen zu einem dürren Ödland.

³⁴ Er kann fruchtbares Land zur salzigen Steppe werden lassen, wenn seine Bewohner böse waren und nicht auf ihn gehört haben.

³⁵ Er kann die Wüste zu einer Wasserfläche werden lassen und verdorrtes Land zu Oasen.

³⁶ Dort siedelt er die an, die Hunger haben, und dürfen sich dort wohl fühlen.

³⁷ Sie dürfen dort leben, ihren Alltäglichkeiten nachgehen und in Frieden ihr Dasein gestalten.

³⁸ Der liebe Gott läßt sie dort und gestattet ihnen, daß sie sich dort ausbreiten können und gibt ihnen alles, was sie benötigen.

³⁹ Aber nicht genug! Trotz allem wurden sie wieder mühselig, unzufrieden und voll von Selbstmitleid.

⁴⁰ Er überschüttete diese großartigen Originale von Menschen mit Verachtung und ließ sie in ihrer Ziellosigkeit um sich selber kreisen.

⁴¹ Die einfachen, bescheidenen Menschen hob er

aus dem Elend heraus und ließ sie leben und sich am Dasein freuen.

42 Die Redlichen sehen dies täglich und freuen sich darüber, und das boshafte Gesindel weiß nicht weiter.

43 ‚Seid ihr endlich so gescheit und versteht das alles und begreift, daß ich es nur gut mit euch meine?‘

Psalm 108
Hilf, Güte Gottes
[ein Lied. Ein Psalm Davids]

² Ich bin immer bereit zu dir zu kommen, lieber Gott, ich wäre gerne endgültig bei dir, um dich zu loben. Wach auf sage ich jeden Tag zu meinem Inneren.

³ Kleiner Mensch, sei wachsam und paß auf. So will ich jeden Morgen froh beginnen.

⁴ Ich möchte jedem, der es wissen will, von dir erzählen, und auch denen, die es nicht hören wollen.

⁵ Deine Güte, lieber Gott, ist so groß wie der Himmel nur vorstellbar ist, deine Treue ist so wie die großen vorbeiziehenden Wolken weit und doch nicht greifbar.

⁶ Zeige dich über deinem Himmel, lieber Gott, zeige dich in deiner Herrlichkeit der ganzen Welt.

⁷ Hilf mir, lieber Gott, das alles zu verstehen, hilf mir und auch allen anderen, die du magst.

⁸ Gott hat uns hinterlassen: ‚Ich gebe euch allen Fröhlichkeit ins Herz und eine Sicherheit in die Zukunft.

⁹ Alle Menschen sind mir gleich lieb und wertvoll, und die guten Willens sind mir sehr nahe und ähnlich.

¹⁰ Manche von euch würde ich am liebsten ins Wasser werfen oder meinen Schuh nach ihnen werfen, daß sie endlich aufwachen und merken, wer ich bin!'

¹¹ Sagt mir, wer kann von den klugen Theologen es zuwege bringen, daß ich Gott anschauen kann? Keiner!

¹² Lieber Gott, hast du mich vergessen? Es scheint oft so, wie wenn du alles seinen Gang laufen ließest ohne einzugreifen.

¹³ Bitte zeig uns doch, daß du in die Geschichte eingreifst. Menschengeschichte ohne dich ist nutzlos.

¹⁴ Mit dir, Gott, können wir unsere elende Welt meistern und du hilfst uns den Weg zu dir zu ebnen.

Psalm **109**

Litanei der Bösartigkeit und ihr Ende

[für den Chormeister.
Ein Psalm Davids]

¹ *L*ieber Gott, ich erzähle nur Gutes über dich, und du bist immer nur still und schweigsam!

² Maulhelden und Ganoven, Lügenverbreiter und Betrüger haben sich gegen mich zusammengerottet. Sie reden zu mir und über mich mit Falschheit,

³ sie geben mir nur Worte des Hasses und treten mich ohne jeden Grund in den Dreck.

⁴ Sie sind mir feindlich gesinnt, obwohl ich sie alle eigentlich gerne habe,

⁵ sie vergelten mir Gutes mit Bösem, mit Haß meine Freundschaft.

⁶ Des Menschen Bösartigkeit soll sich gegen ihn selber wenden, und seine eigenen Worte sollen ihn anklagen und verurteilen.

⁷ Sein ganzes Handeln soll sich gegen ihn wenden, und selbst wenn er alles zurücknimmt, so soll seine Boshaftigkeit offensichtlich sein!

8 Nur gering soll die Zahl seiner Tage sein, und sein Amt soll ein Besserer erhalten!

9 Seine Kinder sollen zum Teufel gehen und seine Frau soll möglichst bald Witwe werden!

10 Seine Kinder sollen ruhelos herumziehen und betteln, vertrieben aus den Besitztümern ihres betrügerischen Vaters.

11 Sein Gläubiger soll all seinen Besitz an sich reißen, Fremde sollen sein Haus plündern, was er unrechtmäßig erworben hat.

12 Es soll niemand da sein, der ihm hilft, keiner der sich seiner Kinder annimmt.

13 Seine Nachkommen sollen auch zum Teufel gehen, und in der nächsten Generation soll sein Name schon vergessen sein.

14 Lieber Gott, denke an die Boshaftigkeit auch an seinem Vater und an seiner Mutter.

15 Auch die Schuld von denen soll dir immer vor Augen sein und lösche das Andenken an einen derartigen Menschen auf dieser Erde aus.

16 Dieser Mensch dachte nie daran, Gnade vor Recht ergehen zu lassen. Er verfolgte die Kranken und Armen, und diejenigen, die sich fürchteten, wollte er töten.

17 Er liebte es, anderen zu fluchen. Und er lachte über jeden Segen, der Fluch komme über ihn und der Segen bleibe ihm fern.

[18] Er zog das Fluchen an sich wie einen Mantel. Der Fluch soll wie Wasser in seinen Leib hineingehen und wie Öl in seine Glieder!

[19] Der Fluch soll für ihn wie ein Anzug sein, in den er sich maßgeschneidert hineingezwängt hat, er soll sein wie der Gürtel, der ihm den Ranzen zubindet.

[20] So soll der liebe Gott all denen es lohnen, die mich ohne jeden Grund verklagen und Böses gegen mich aushecken.

[21] Du aber, lieber Gott, geh du mit mir um wie es dir gefällt, reiße mich heraus aus diesem Elend in deiner ganzen Güte.

[22] Du weißt, ich bin arm und gebeugt, das Herz schlägt unruhig in meiner Brust.

[23] Wie ein flüchtiger Schatten empfinde ich mich auf dieser Welt, man schüttelt mich wie nutzlosen Kehricht ab.

[24] Ich habe wankende Knie vor lauter Fasten, mein Leib nimmt stetig ab und wird mager.

[25] Ich wurde für das Gesindel zum Spott und Hohn, sie schütteln den Kopf und freuen sich, wenn sie mich sehen!

[26] Hilf mir doch, lieber Gott, hilf mir in deiner Güte!

[27] Sie wollen wirklich erkennen, daß du der oberste Richter bist.

²⁸ Sie sollen fluchen, du wirst segnen. Meine boshaften Gegner sollen aber scheitern, ich darf mich
schadenfreudig daran freuen!

²⁹ Meine falschen Ankläger sollen sich blamie-
ren, sie sollen ihre eigene Schande tragen wie ein
schmutziges Hemd!

³⁰ Ich aber will dich preisen und vor aller
Welt sagen, wer du bist!

³¹ Du stehst dem Armen zur Seite und rettest ihn vor falschen Anklägern und Richtern!

Psalm **110**
Die Überwindung des Elends
[ein Psalm Davids]

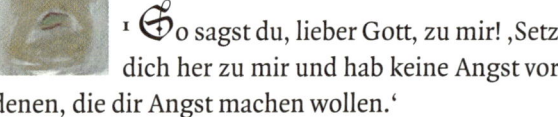

¹ So sagst du, lieber Gott, zu mir! ‚Setz dich her zu mir und hab keine Angst vor denen, die dir Angst machen wollen.'

² Aus deiner ewigen Welt soll es in unsere zerbrechliche Erde herüberkommen: ‚Steh über denen, die dich nicht verstehen und dir feindlich gesinnt sind!

³ Du ruhst in dir, und wie an einem glänzenden Morgen siehst du dein zuversichtliches Selbst! Du bist wichtiger als der Morgenstern, du bist, wie der Frühtau, am frühesten Morgen von mir gemacht!'

⁴ Der liebe Gott hat es uns allen versprochen, und es wird ihn nie reuen: ‚Du bist als Mensch für die Ewigkeit geboren, so wie ich es von Anfang an vorgesehen habe!'

⁵ Gott wird die Menschen, die euch beherrschen wollen, zornig zur Rechenschaft ziehen.

⁶ Er kann ganze Völker richten, er hat sogar Macht über die Toten und kann allen, die ihm böse wollen, den Schädel einschlagen!

⁷ Auf dem Lebensweg wirst du bei näherem ruhigen Hinsehen alle Kraft in deinem Inneren finden, die dir über Angst und Auswegslosigkeit hinweghilft.

Psalm 111
Danke für deine Weisheit
[ein Loblied auf Gottes Wunder]

¹ Danke! Über den lieben Gott laß ich nichts kommen, ich liebe ihn von ganzem Herzen und sage dies allen, die es hören wollen oder nicht.

² Großartig sind die Schöpfungswerke Gottes, großartig allen, die sich an ihnen freuen.

³ Er ist der Urgrund der Schöpfung, und seine Gesetzmäßigkeit hat für immer Bestand.

⁴ Jedermann, der guten Willens ist, wird die Schöpfungstaten immer im Gedächtnis haben, die des Gottes, der gütig und barmherzig ist.

⁵ Er ernährt alles auf dieser Welt, Mensch, Tier und Pflanze, und das wird er niemals ändern.

⁶ Er hat allen Menschen guten Willens seine machtvollen Schöpfungstaten gezeigt, um ihnen die ganze Erde und was dazugehört in behutsame Hände zu legen.

⁷ Die Schöpfungswerke Gottes sind beständig und schön, seine Naturgesetze sind verläßlich.

⁸ Sie bleiben fest und immer, dauernd bestehen, von ihm geschaffen in Redlichkeit und Treue.

⁹ Er gewährt allen Menschen Erlösung von ihren Ängsten und Nöten und gibt ihnen für ewige Zeiten eine Heimat. Gottes Name ist großartig und auch furchtgebietend!

¹⁰ Der Respekt vor der Schöpfung und sei-  nem Schöpfer ist der Anfang jeden Denkens und jeder Weisheit. Alle, die danach leben, werden weise. Der Name Gottes bleibt für im- mer bestehen!

Psalm 112

Der gute Geist

[Furcht vor Gott ist Segen]

1 Ich danke dir von Herzen! Dem Mann soll es gut gehen, der dich, lieber Gott, respektiert und sich herzlich freut an all dem, was du uns gegeben hast.

2 Auf diesem Fundament kann jedermann verläßlich bauen, und Gott liebt diese redlichen Menschen sehr.

3 Wer sich so verhält, dem wird es gut gehen und er besteht für immer.

4 Den Redlichen erscheint Gott immer als Licht, der gnädige, barmherzige und der gerechte Gott.

5 Dem Manne, der gütig ist, hilfsbereit und bescheiden das Seine ordnet, wie es recht ist, soll es gut gehen.

6 Niemals wird er ins Wanken geraten und ewig denkt man an ihn als den Gerechten.

7 Er braucht sich nicht vor Verleumdung zu fürchten, denn sein Inneres ist gefestigt, weil er auf Gott vertraut.

8 Sein Inneres ist sicher und furchtlos. Denn dadurch kann er auf seine Bedränger und Verleumder herabschauen.

9 Er ist freigebig denen, die weniger haben als er, und deshalb wird er nicht schwanken, er bleibt dadurch mächtig und steht in hohen Ehren.

10 Mit Neid und Verdruß sieht es der Ganove, er schäumt vor Wut und richtet sich selbst zugrunde. Seine Boshaftigkeit wird ihm selbst zum Schicksal.

Psalm 113

Menschenfreundlichkeit
des Schöpfers

¹ Ich danke dir mit aller Freude! Seid froh, ihr Mitmenschen, freut euch an eurem Schöpfer!

² Der Name des Schöpfers soll gepriesen sein, von jetzt an bis in alle Ewigkeit.

³ Vom Aufgang der Sonne bis zu ihrem Untergang soll dein Name in aller Munde sein.

⁴ Du, lieber Gott und Schöpfer, du bist der Urgrund allen Lebens, dein Geist überragt alles, was erfahrbar und sichtbar ist.

⁵ Wer gleicht unserem Schöpfer, der Himmel und Erde gemacht hat?

⁶ Wer gleicht ihm, der in seiner ewigen Welt ist und auf uns herabschaut,

⁷ der trotz seiner Größe den Schwachen aus dem Dreck herausreißt, den Armen erhört, der im Schmutz liegt?

⁸ Er gibt ihm einen Platz in der besten Gesellschaft, den Eliten des Volkes.

⁹ Selbst eine kinderlose, arme und verachtete Frau läßt er Mutter werden und freut sich an ihren Kindern.

Psalm 114

Die schaudernde Schöpfung

[Lob auf die Befreiung]

¹ Als die Menschen aus ihrer unmündigen Verwirrung herauskamen, endlich eine eigene gemeinsame Sprache verstanden,

² da wurdest du, lieber Gott, in ihren Herzen heimisch.

³ Das Meer verstand dies sogar und floh zurück, und der Jordan floß bergaufwärts.

⁴ Die Berge sprangen herum gleich wie Widder, und die Hügel hüpften wie junge Lämmchen.

⁵ Warum das, Meer, daß du wegweichst? Was ist mir dir, Jordan, daß du nach oben fließest?

⁶ Ihr Berge, was springt ihr den Widdern gleich und ihr Hügel den Lämmchen gleich?

⁷ Du ganze Schöpfung, du Erde, sei vor der Präsenz deines Gottes erschüttert,

⁸ bebe vor der Gewalt, die aus einem trockenen Stein eine Wasserflut hervorbringen kann und die aus Kiesel Quellwasser macht!

Psalm 115

Sichtbar hilft der Unsichtbare

 ¹ *L*ieber Gott, nicht wir brauchen Ehre und Ansehen, sondern nur du und deine Schöpfung.

² Warum können Menschen sagen: ‚Wo ist denn nun ihr Gott?‘

³ Du, lieber Gott im Himmel, bist der, der alles, was ihm gefällt, auch vollbringen kann.

⁴ Die Götter der Menschen sind bestenfalls aus Silber und Gold, sie sind ein Machwerk der unsäglichen menschlichen Intelligenz.

⁵ Sie haben ein Maul und reden nicht, sie glotzen, aber sie sehen nicht.

⁶ Sie haben Ohren und hören nichts, eine Nase und riechen nichts.

⁷ Mit ihren Händen können sie natürlich nichts greifen, mit ihren Füßen nicht gehen und aus ihrem Hals kommt natürlich kein Laut hervor.

⁸ Diejenigen, die sie hergestellt haben, wollen haben, daß sie selbst angebetet werden, ähnlich den gemachten Götzenbildern.

⁹ Ihr Menschen vertraut viel besser auf den lebendigen Gott, er ist derjenige, der euch hilft und beschützt.

¹⁰ Ihr Menschen von überall her, vertraut ihm, er hilft, er allein.

¹¹ Alle die ihr den Herrn fürchtet und liebt, vertraut auf ihn, er bleibt an eurer Seite.

¹² Der liebe Gott denkt immer an uns und er wird bei uns sein und jeden einzelnen von uns segnen und beschützen.

¹³ Der liebe Gott ist mit allen, die ihn lieben, eins, und er kümmert sich um die Ärmsten und die Größten.

¹⁴ Hoffentlich werden aus den Menschen, die ihn lieben und fürchten, eine noch größere Anzahl Gleichgesinnter.

¹⁵ Der, der Himmel und Erde gemacht hat, der soll in euch fest verankert sein.

¹⁶ Der liebe Gott lebt in seiner Welt im unzugänglichen Licht, uns aber gab er dafür die wunderschöne Erde.

¹⁷ Tote können nicht mehr das Lob unseres Schöpfers aussprechen, keiner, der in die ewige Schweigsamkeit bereits übergegangen ist.

¹⁸ Wir aber, die wir hier auf dieser Erde sind, wir freuen uns an dir, lieber Gott, jetzt und solange wir da sind. Danke!

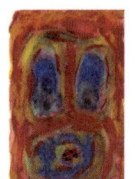

Psalm **116**

Danke für Rettung aus Not

¹ Ich verehre und liebe meinen Gott, denn er hat auf mich gehört,

² und ich weiß, daß er es auch verstanden hat, an dem Tag, als ich zu ihm gerufen habe.

³ Damals war ich in Todesangst, ich war in Panik, Bedrängnis und Kummer waren mein Los.

⁴ Da rief ich in meiner Angst den lieben Gott an: ‚Rette mein Leben!‘

⁵ Und der liebe Gott war mit mir gnädig und gerecht, freundlich und barmherzig!

⁶ Er behütet aber nur die mit einfachen und schlichten Gemütern. Ich war in Not, und er brachte mir seine Hilfe!

⁷ Jetzt beruhige dich wieder, mein Inneres, denn du hast ja gesehen, daß der Herr dir geholfen hat.

⁸ Ja, wirklich, du hast mein Leben dem Tod entrissen, meine Tränen getrocknet und mich vor dem Absturz bewahrt.

⁹ Jetzt gehe ich gern wieder meinen Weg unter meinen Mitmenschen, getröstet und sicher!

¹⁰ Ich war voll Vertrauen, auch wenn ich mir sagen mußte: Ich bin eigentlich am Ende.

¹¹ In meine Not sagte ich mir selbst: Die Menschen lügen, alle!

¹² Wie kann ich meinem Schöpfer all das vergelten, was er mir Gutes angetan hat?

¹³ Ich will mich fest an ihn klammern, zu ihm rufen und ihn ansprechen.

¹⁴ Ich will das machen, was er mir zu tun aufgetragen hat, und zwar in größter Selbstverständlichkeit und Offenheit.

¹⁵ In den Augen meines Gottes ist der Tod derer, die ihn lieben, etwas ganz Besonderes.

¹⁶ Lieber Gott, ich bin doch der kleinste und unwichtigste unter deinen Menschen, ich bin ein winziges Menschlein, aber du hast mich aus dem Elend geholt.

¹⁷ Ich möchte dir danken aus vollem Herzen und immer wieder nach dir rufen.

¹⁸ Ich will nach deinen Vorgaben leben und dies jedem zu jeder Zeit kundtun.

¹⁹ Ich will ein Teil deiner Schöpfungsordnung sein, lieber Gott, und ein ganzes Leben lang werde ich mich bemühen, wo ich auch immer stehe, mich als dein nützliches Mosaik in das Weltgeschehen einzubringen.

Psalm 117
Lob Gottes

¹ Seid froh in eurem Gott, alle Menschen, wo ihr auch immer lebt. Von der
größten bis zur kleinsten Nation.

² Eurer Schöpfer wacht darüber, daß
ihr und alles was existiert in ihm aufgehoben ist. Freut euch darüber, daß seine
Treue ewig ist.

Psalm 118
Danke für die Rettung

¹ $\mathcal{L}$ieber Gott, Dankeschön für deine Freundlichkeit und deine Barmherzigkeit.

² Alle Menschen sollen so denken, das wäre mein Wunsch, denn die Barmherzigkeit Gottes ist dauernd und ewig.

³ So sollen auch die sagen, die ihm besonders nahe stehen, auch hier gilt, daß seine Huld ewig währt.

⁴ Und alle, die ihn lieben, sollen genauso bekennen: Die Freude an dir und deinen Taten ist ewig, lieber Gott.

⁵ Als es mir dreckig ging habe ich zu dir gerufen, und du hast mich erhört und mich aus dem Elend genommen.

⁶ Du, lieber Gott, bist bei mir, ich fürchte mich nicht, was kann mir von Menschen angetan werden?

⁷ Du bist bei mir, lieber Gott, und du hilfst mir, und so kann ich auf meine Hasser hinunterschauen.

⁸ Es ist besser, auf dich, lieber Gott, zu setzen, wenn du auch nicht sichtbar bist, als auf diese Menschen hier zu bauen.

⁹ Es ist besser, bei dir unsichtbarem Gott Schutz zu suchen als bei irgendwelchem Fürstengesindel!

¹⁰ Die halbe Welt will mich umbringen, ich kann sie abwehren, weil du bei mir bist.

¹¹ Sie würgen mich, sie schlagen mich nieder, ich kann sie in deinem Namen bekämpfen.

¹² Sie umschwirren mich wie stechende Wespen, aber wie ein Strohfeuer verlöschen sie, ich kann auch sie abwehren in deinem Namen.

¹³ Sie haben mich hart angepackt und wollten mich stürzen und verderben, aber du hast mir geholfen.

¹⁴ Meine Stärke und mein Frohsinn bist du, du lieber Gott, der mich rettet.

¹⁵ Unter den redlichen Menschen ist Freude über dich: Die Macht Gottes ist ihnen sichtbar geworden!

¹⁶ Paßt auf, ihr Menschen, denn der liebe Gott ist nicht machtlos, denkt das ja nicht!

¹⁷ Ich muß nicht sterben, sondern ich darf weiterleben, um von dir zu erzählen, lieber Gott.

¹⁸ Du hast mir schwer zugesetzt, lieber Gott, aber du hast mich nicht umgebracht!

¹⁹ Zeig mir, wie du deine Gerechtigkeit begründest, und ich werde dir dafür danken.

²⁰ Deine Gerechtigkeit ist es, in die ich eingehen möchte, nicht die menschliche.

²¹ Ich dank dir dafür, daß du auf mich gehört hast, denn du hast mich dadurch gerettet.

²² Der Stein, den die Maurer als untauglich weggeworfen haben, er ist Grundstein meines Lebens geworden.

²³ Das hast du gemacht, vor unser aller Augen hast du dieses Wunder vollbracht!

²⁴ Heute ist der Tag, den du ja auch gemacht hast, und an dem will ich mich freuen und zufrieden sein.

²⁵ Lieber Gott, hilf doch, sorge doch dafür, daß wir vernünftig werden!

²⁶ Auf jedem, der in deinem Namen kommt oder geht, soll ein Segen liegen.

²⁷ Lieber Gott, zeig uns dies! Schließt euch alle zusammen und freut euch und versucht, ihm im Geiste nahe zu sein!

²⁸ Du bist mein Gott, dem ich danke dafür, und mehr als Dank kann ich dir nicht bringen.

²⁹ Du, lieber Gott, bist gütig, und deine Barmherzigkeit ist ewig!

Psalm 119
Die Freude an Gottes Wort

א   alef

¹ Den Menschen geht es gut, die geradlinig durchs Leben gehen und auf die Gebote Gottes achten.

² Wohl denen, die mit den Naturgesetzen und der Schöpfung in Einklang stehen und mit redlichem Herzen nach dem Urgrund allen Seins, nämlich dir suchen.

³ Wohl auch denen, die kein Unrecht tun und auf seinen Wegen ihre Lebensbahn gehen.

⁴ Du bist der, lieber Gott, der auch sehr genau darauf achtet.

⁵ Ich wünsche und hoffe, daß ich stets auf den rechten Wegen bleibe, dir zur Freude!

⁶ Dann werde ich nämlich nicht scheitern, wenn ich bei allen Schritten vorher überlege, ob sie dir gefallen werden.

⁷ Mit lauterem Herzen und Redlichkeit möchte ich verstehen lernen, wie du die Welt regierst.

⁸ Deinen Gesetzen will ich immer folgen, und deshalb laß mich nicht im Stich.

ב bet

9 Wie kann ich als junger Mann vor dir tadellos dastehen? Nur dann, wenn ich mich an deine Weisungen halte.

10 Ich suche dich mit meinem ganzen Inneren. Laß mich nicht vom rechten Weg deiner Gebote abgehen.

11 Ich habe dich, lieber Gott, fest in meinem Inneren eingeschlossen, damit ich mir immer darüber klar bin, nicht gegen dich zu sein.

12 Du bist mein ein und alles, Gott, lehre mich deine verschlungenen Wege zu begreifen!

13 Ich verkünde allen Menschen zu jeder Zeit deine Herrlichkeit und deine wunderbaren Naturgesetze.

14 Nach deinen Regeln und Naturgesetzen zu leben macht mich froh, mehr als irgendein Besitz.

15 Ich will täglich darüber nachdenken, was du von mir willst und werde meine künftigen Wege danach ausrichten.

16 Ich habe eine große innere Freude an deiner Schöpfung und an deinen Naturgesetzen. Ich werde sie nie vergessen.

ג gimel

17 Tu deinem Gläubigen Gutes, erhalte ihn am Leben! Dann kann ich auch deiner Weisung nachgehen!

¹⁸ Öffne mir die Augen für das Wunderbare an deiner Schöpfung!

¹⁹ Ich bin nur ein flüchtiger Gast auf dieser vergänglichen Erde. Zeig mir trotzdem deine ewigen Gebote!

²⁰ In meinem Inneren habe ich Sehnsucht nach deinem Trost, meine Seele ist unruhig bis sie ruht in dir!

²¹ Du drohst dem arroganten Gesindel. Wer von deinen Gesetzen weggeht oder sie verneint, der sei verflucht.

²² Bitte nimm von mir alles was mich drückt und verachtet: Denn was du vorschreibst, das habe ich getan und werde es weiter tun.

²³ Wenn auch Direktoren und Potentaten gegen mich sind, so ist mir die Erfüllung deiner Weisung wichtiger.

²⁴ Deine Gesetze und Weisungen machen mich nämlich froh, sie sind mir ein wichtiger Wegweiser!

ד **dalet**

²⁵ Im Staub liegt meine Seele: Nur du kannst mir mit einem Wort aufhelfen.

²⁶ Ich habe dir gesagt, auf welchen Wegen ich gehe, und du hast es gebilligt. Deine Weisungen lehre mich verstehen.

²⁷ Deine Naturgesetze laß mich erkennen, ich will mich hinein vertiefen und darin aufgehen.

28 Vor lauter Angst und Elend weine ich, bitte tröste mich mit einem guten Wort.

29 Bitte zeige mir auch den falschen Weg, daß ich von falschen Gesetzmäßigkeiten mich weghalten kann.

30 Ich habe den Weg der Wahrheit ausgesucht, und deine Vorschriften stehen mir klar vor Augen.

31 Ich hänge an deinen Naturgesetzen, laß mich deswegen nicht zuschanden werden.

32 Ich will auf deinen Wegen gehen, aber du mußt mir vorher mein Herz freimachen dafür!

ה **he**

33 Zeig mir, lieber Gott, den Weg deiner Gesetze, wie ich sie verstehen soll und wie ich dorthin komme, denn ich will ihnen folgen.

34 Lehre mich doch einfach, deine Gesetzmäßigkeiten zu verstehen, und ich will sie bewahren mit ganzem Herzen.

35 Laß mich auch auf dem Weg deiner Erkenntnis, denn ich habe meine ganze Freude daran.

36 Mein ganzes Inneres soll auf deine Gebote und Gesetzmäßigkeiten hin angeordnet werden, nicht dazu jedoch, nach Ehre, Macht und Gewalt zu suchen.

37 Gib meinen Augen auch die Möglichkeit, daß sie eitle wissenschaftliche Ehren nicht sehen. Gib mir nur Kraft, deinen wirklichen Weg zu sehen.

38 Und das, was du uns in deinem Schöpfungsgedanken gesagt hat, Gott, das gib mir, der ich dich über alles achte, zur Verwirklichung.

39 Halte weit weg von mir alle Schande, vor der ich Angst habe. Dein Wort macht mich aber froh und zuversichtlich.

40 Ich möchte deinen Schöpfungsgedanken verstehen lernen und möchte leben in Einklang mit dir.

ו **waw**

41 Deine Freundlichkeit, lieber Gott, laß mich ganz genießen, deine Hilfe annehmen, wie du sie mir versprochen hast.

42 Ich will auf jene antworten, die mich bösartig verleumden, und ich werde ihnen sagen, daß ich nur dir vertraue, aber sonst niemand.

43 Bitte laß mich immer die ganze Wahrheit sagen, denn ich vertraue auf das, was ich von dir gelernt habe.

44 Gib mir die Kraft, immer deinen Schöpfungsgedanken zu verstehen in der Zeit und in der Ewigkeit.

45 Diesen freien und freiwilligen Weg werde ich gehen, stets darauf bedacht, was du von mir willst.

46 Ich werde vor mächtigen und einflußreichen Menschen auch über dich sprechen und hoffe nicht, daß ich dann einknicke.

⁴⁷ Ich will mich freuen an deiner ganzen Schöpfung, die mir so lieb und teuer ist.

⁴⁸ Ich will mit aller Kraft meiner Hände nachforschen, was deine Weisheit ist, und sie dann befolgen.

ז **sajin**

⁴⁹ Denk bitte auch immer an mich kleinen Menschen, dem du bis jetzt Hoffnung gemacht hast.

⁵⁰ Dies ist der Trost in meinem Elend, dein Wort, lieber Gott, das mir Leben einflößt.

⁵¹ Das arrogante Gesindel demütigt mich, und ich bin bitter. Aber keinen Schritt werde ich von deinen Gesetzmäßigkeiten abgehen.

⁵² Ich erinnere mich an die Geschichten von dir in alten Zeiten, wie sie uns berichtet sind, und sie sind mir ein Trost.

⁵³ Wegen der boshaften Atheisten werde ich zornig, weil sie deine Gesetze verlassen.

⁵⁴ Deine Schöpfungsordnung ist mir zu einer heiteren Melodie geworden, solange ich auf dieser Welt herumlaufe.

⁵⁵ Auch mitten in der Nacht denke ich an dich, lieber Gott, und ich möchte alles tun, was dir gefällt.

⁵⁶ Das alles habe ich nur bis jetzt von dir erhalten, weil ich mich bemüht habe, auf deinen Wegen zu gehen.

ח **chet**

57 Lieber Gott ich sage dir, alles was ich bin ist dir und deinen Worten gehorsam zu sein.

58 Aus ganzem Herzen flehe ich zu dir, sei mir gnädig, so wie du es versprochen hast.

59 Ich habe mich immer wieder hinterfragt, ob ich auf diesem Weg richtig bin.

60 Ich habe mich beeilt und nicht gezögert, immer deinen Geboten nachzusinnen und ihnen zu folgen.

61 Das Böse hat mich immer wieder umgarnt, aber ich habe auch dabei dich und deine Gesetze nie vergessen.

62 Mitten in der Nacht stehe ich auf, um dir herzlich für deine Gerechtigkeit zu danken.

63 Ich bin ein Freund von allem, was dich respektiert und deine Schöpfungsordnung annimmt.

64 Lieber Gott, von dir, von deiner Barmherzigkeit und deiner Weisheit ist die Erde voll. Lehre mich deine Weisheit!

ט **tet**

65 Gutes hast du an mir gemacht, lieber Gott, genauso wie du es versprochen hast.

66 Lehre mich richtig zu urteilen und vollständig einzusehen, denn ich vertraue auf dich und deine Gebote.

⁶⁷ Ich bin ziellos herumgeirrt, bis ich eines Tages schwer gedemütigt wurde, aber nun halte ich mich ganz an dein letztlich gültiges Wort.

⁶⁸ Du bist die Güte, lieber Gott, und gibst sie auch so weiter: Lehre mich das alles zu verstehen.

⁶⁹ Das arrogante Gesindel versucht gegen mich Lügen zu verbreiten: Ich achte nicht darauf, sondern nur auf dich und dein Wort.

⁷⁰ Satt, gefühllos und eisig ist dieses Gesindel, und doch bleibst du meine einzige Freude samt deinen Geboten.

⁷¹ Es war gut für mich, daß man mich schwer gedemütigt hat, denn nur so konnte ich deine Güte erfahren!

⁷² Besser ist dein Wort kennengelernt zu haben als tausend Kilo Silber und Gold.

' jod

⁷³ Lieber Gott, du hast mich gemacht, und deine Hände haben mich aus Lehm geformt: Lehre mich jetzt auch, daß ich ein nützlicher Teil deiner Schöpfungsordnung bin.

⁷⁴ Menschen die dich respektieren sehen auch mich und freuen sich daran, denn ich habe wie sie auch auf dein Wort die ganze Hoffnung gesetzt.

⁷⁵ Ich weiß, lieber Gott, daß deine Urteile gerecht sind, und du hast mich zu Recht unterwiesen.

⁷⁶ Laß mich nahe bei dir sein, um mich zu trösten, ganz genauso, wie du es mir als dem kleinsten von allen versprochen hast.

⁷⁷ Deine Freude und dein Erbarmen sei ganz in mir, denn nur so kann ich vernünftig weiterleben.

⁷⁸ Die Arroganten und Überheblichen sollen zum Teufel gehen, denn sie bedrücken mich Tag und Nacht ohne jedes Recht, ich aber möchte nur deine Gesetze respektieren.

⁷⁹ Alle die sollen zu mir kommen, die dich fürchten und wie ich auch deine Schöpfungsordnung übernommen haben.

⁸⁰ Ich möchte, daß mein ganzes Inneres deine Weisungen ganz übernimmt, daß ich niemals mich in irgend etwas von dir trennen kann.

כ **kaf**

⁸¹ Ich warte auf dich, Gott, mit großer Ungeduld, sprich doch, sag doch was.

⁸² Meine Augen verzehren sich, dich endlich zu sehen und zu hören, Herr, wann tröstest du mich und kommst?

⁸³ Ich gleiche einem alten Tonkrug, der vor Dreck starrt, aber ich habe nie deine Weisungen vergessen.

⁸⁴ Ich armer Mensch habe nur wenige Tage zu leben, wann fängst du endlich an, über meine Bedrükker Gericht zu halten?

⁸⁵ Die überheblichen und falschen Freunde haben mir Gruben gegraben, gerade die, die von dir und deiner Welt nichts halten.

⁸⁶ Deine Schöpfungsgebote sind alle einsichtig und gut. Trotzdem verfolgt man mich, nur wegen dir. Hilf mir!

⁸⁷ Fast schon hätten sie mich auf dem Boden zerquetscht, aber trotzdem habe ich deinen Weg nicht verlassen.

⁸⁸ Also, erhalte mir das Leben, wenn du es willst, und ich werde dir im Gegenzug deine Gebote und Ordnungsprinzipien einhalten.

ל lamed

⁸⁹ In Ewigkeit wird dein Wort gültig bestehen, genauso fest wie die ganze Schöpfung dasteht.

⁹⁰ Von einer Generation zur anderen bleibst du derselbe, du hast die Schöpfung begonnen und sie bleibt.

⁹¹ Alles was es gibt hat Bestand durch deinen Befehl. Alle Dinge sind auf dich hin geordnet.

⁹² Wäre nicht dein Gesetz meine ganze Freude, so wäre ich längst untergegangen in meinem Elend.

⁹³ In Ewigkeit werde ich kein Wort von dir vergessen, denn du hast mir das Leben erst ermöglicht.

⁹⁴ Ich bin ganz von dir abhängig, lieber Gott, stets war ich nur bemüht, die nachzufolgen.

⁹⁵ Die Atheisten sind dabei, mich zu vernichten, aber ich höre deswegen nicht auf, in meinem Inneren nur an dich zu denken.

⁹⁶ Ich habe gesehen und erlebt, daß selbst alle Vollkommenheit Grenzen hat. Über alles Maß hinaus jedoch ist dein Gebot die Vollkommenheit schlechthin.

מ **mem**

⁹⁷ Ich liebe, Herr, deine Schöpfung und suche den ganzen Tag darin herum mit meinen Gedanken.

⁹⁸ Deine Schöpfungsordnung hat mich klug gemacht, klüger als meine atheistischen Freunde, in Ewigkeit werde ich daran denken.

⁹⁹ Ich bin klüger geworden als meine Lehrer, und nur deswegen, weil ich im Gegensatz zu manchen von ihnen deine Ordnung auf dieser Welt für das Wichtigste halte.

¹⁰⁰ Meine Einsicht in alle Dinge ist sogar größer geworden als die der alten und erfahrenen Philosophen, denn ich richte mich ausschließlich nach dir.

¹⁰¹ Ich versuche jeder Boshaftigkeit aus dem Weg zu gehen, um immer nahe bei dir sein zu können und dir zu gehorchen.

¹⁰² Von deiner Schöpfungsordnung weiche ich nie, denn du hast mich das alles gelehrt, was recht ist.

¹⁰³ Deine Reden sind für mich süß, so wie Honig für einen Mund süß ist.

¹⁰⁴ Deine Ordnung lerne ich immer mehr kennen, und deshalb hasse ich alles, was dem zuwiderläuft.

ⁿ **nun**

¹⁰⁵ Was du sagst, lieber Gott, ist wie eine Leuchte über meinem Lebensweg.

¹⁰⁶ Ich schwöre dir, daß es immer so bleibt und daß ich deine Worte der Gerechtigkeit in mir bewahren werde.

¹⁰⁷ Ich bin schwer durch böse Menschen unter Druck, lieber Gott, also halte mich am Leben, wie du es versprochen hast.

¹⁰⁸ Nimm mein Lob nicht als billiges Kompliment an, lieber Gott, und deine Denkweise lehre mich verstehen.

¹⁰⁹ Dauernd will man mir ans Leben, aber ich denke nicht daran, deine Schöpfungsordnung zu vergessen.

¹¹⁰ Die boshaften Atheisten haben mir alle Fallen der Welt gestellt, aber ich habe nicht die Absicht gehabt, je von dir mich zu trennen.

¹¹¹ Deine Schöpfungsordnung ist für mich ein ewiges ererbtes Richtmaß, und obendrein macht sie mich froh.

[112] Mein ganzes Inneres ist darauf ausgerichtet, nach deiner Ordnung und deinen Gesetzen zu handeln und dir treu zu sein.

ס **samech**

[113] Menschen mit zweigespalteter Zunge hasse ich von Herzen, genauso wie ich dafür dein Gesetz liebe.

[114] Du bist mein fester Urgrund, auf den ich baue, auf dein Wort und deine Verheißung.

[115] Verschwindet, ihr böses Gesindel, weit weg von mir: Ich denke nicht daran, Gottes Gebote wegen euch abzulegen.

[116] Ich halte mich nach deiner Verheißung, lieber Gott, und ich lebe dafür. Enttäusche mein Vertrauen nicht.

[117] Wenn du mir hilfst, dann bleibe ich heil, dafür will ich immer auf deine Weisungen achten.

[118] Diejenigen, die von deinen Ordnungsprinzipien abweichen, verwirfst du, denn sie denken in gelogenen und falschen Kategorien.

[119] Die Sünder achtest du auf dieser Welt für Scheiße, deshalb liebe ich deine Gebote, um nicht dazu zu gehören.

[120] Wenn ich an dich denke, dann beginne ich vor Furcht zu zittern, manchmal habe ich Angst vor deinen Urteilen.

ע ajin

¹²¹ Ich versuche, Recht und Gerechtigkeit zu leben, also gib mich nicht meinen Betrügern zum Spielball.

¹²² Hilf mir als dem kleinsten deiner Menschlein zum Guten und schau, daß die Stolzen und Überheblichen mich nicht zertreten.

¹²³ Meine Augen verschmachten nach dir, und meine Ohren lauschen nach deinem gerechten Wort.

¹²⁴ Behandle mich kleinen Menschen in deiner Güte, und deine Schöpfungsordnung soll mich weiter lehren.

¹²⁵ Ich bin der kleinste unter allen Menschen, aber trotzdem: Lehre mich deine Ordnungen und Gebote als Wahrheit zu erkennen.

¹²⁶ Es ist höchste Zeit, etwas zu tun, lieber Gott, deine Gesetze werden überall mißachtet!

¹²⁷ Ich liebe deine Gebote über alles, mehr als Gold und Feingold, das was alle Menschen so sehr schätzen!

¹²⁸ Ich habe mich in deine Schöpfungsordnung hinein verwoben, und alle anderen Wege, die sind mir zutiefst verhaßt.

פ pe

¹²⁹ Deine Ordnungen sind bewundernswert, lieber Gott, und deshalb ist meine Seele ihnen treu.

¹³⁰ Die Erklärung deiner Schöpfungsordnung bringt helles Licht und belehrt auch die, die ahnungslos sind.

¹³¹ Ich bin durstig, und ich habe nur eines im Sinn, den Durst zu stillen nach und mit deinen Geboten.

¹³² Wende dich doch her zu mir, lieber Gott, so wie du es früher auch getan hast gegenüber allen, die dich und deinen Namen lieben.

¹³³ Führe meine Schritte so wie du es willst und laß kein Unrecht über mich Macht gewinnen.

¹³⁴ Mach mich frei von der Gewalt böser Menschen, und ich werde dir dafür deine Schöpfungsordnung verteidigen.

¹³⁵ Gib dem kleinsten aller Menschen, nämlich mir, doch das Licht der Zuversicht und lehre mich, was du mir sagen willst.

¹³⁶ Ich muß weinen, wenn ich an die Gesetze denke, die ich aus Unkenntnis nicht befolgt habe.

צ **zadeh**

¹³⁷ Du bist gerecht, lieber Gott, und ganz fehlerfrei ist deine Gerechtigkeit.

¹³⁸ Du hast in Gerechtigkeit deine Schöpfungsordnung kundgetan, diese ist ewig und unerschütterlich.

¹³⁹ Ich werde innerlich tief traurig, wenn ich sehe,

daß meine atheistischen Freunde dich und deine
Worte vergessen haben.

[140] Dein Wort ist nach wie vor wahr und richtig,
und es ist mir teure Richtschnur!

[141] Ich bin der kleinste und verachtetste von allen
Menschen, aber trotzdem vergeß ich nie, mich nach
deiner Schöpfungsordnung zu richten.

[142] Deine Gerechtigkeit bleibt ewig bestehen, und
dein Naturgesetz ist unerschütterlich.

[143] Angst und Furcht sind über mich gekommen,
aber deine Perspektive hat mir die Angst genommen.

[144] Ewig sind deine Vorschriften und gerecht.
Lehre sie mich, auf daß ich leben kann.

ק qof

[145] Aus tiefstem Herzen rufe ich zu dir, höre auf
meine Stimme, und ich möchte deinen Weisungen
folgen.

[146] Ich rufe zu dir, rette mich und mach, daß deine
Vorschriften mich bewahren.

[147] Schon am frühen Morgen flehe ich zu dir: Ich
vertraue auf deine Worte.

[148] Ich wache mitten in der Nacht mit offenen Augen, um über dein Wort nachzudenken.

[149] Hör auf meine Stimme, wenn du willst, lieber
Gott, und schenke mir ein Leben, so wie du es versprochen hast.

¹⁵⁰ Die böswilligen Menschen, die mich verfolgen, sind ganz nah, doch sie sind genauso weit entfernt von deinen Geboten.

¹⁵¹ Du bist mir nahe, lieber Gott, ich fühle es, und treu sind alle deine Gebote.

¹⁵² Aus deiner Schöpfungsordnung habe ich schon lange erkannt: Du hast sie für die Zeit solange die Erde besteht gemacht.

¹⁵³ Sieh her, lieber Gott, man bedrängt mich fürchterlich. Rette mich. Ich habe nichts von deinen Vorschriften vergessen.

¹⁵⁴ Bitte verteidige doch meine Sache und erlöse mich von der Angst und schenke mir Leben, wie du es versprochen hast.

¹⁵⁵ Haßerfüllten Menschen ist dein Heil weit entfernt, weil sie nichts nach dir fragen.

¹⁵⁶ Du hast viel Erbarmen in dir über uns kleine Menschen, lieber Gott, also schenke mir auch Leben, wie du es versprochen hast.

¹⁵⁷ Viele verfolgen und quälen mich ohne Ende, aber trotzdem lasse ich von deinen Ordnungen nicht ab.

¹⁵⁸ Ich habe das böse Volk gesehen und habe mich darüber entrüstet, denn sie haben weder vor dir noch vor deiner Schöpfung die geringste Achtung.

¹⁵⁹ Schau, lieber Gott, ich liebe deine Schöpfung

und deine Schöpfungsordnung, also erhalte auch mein Leben in ihr.

¹⁶⁰ Du bist in deinem Wesen die Treue. Für ewig sollen deine gerechten Worte gelten.

ש schin

¹⁶¹ Mächtige Menschen verfolgen mich grundlos, aber ich habe nur Respekt in meinem Inneren vor deinem Wort.

¹⁶² Ich freue mich an deinen Reden gerade wie einer, der einen großen Schatz gefunden hat.

¹⁶³ Ich hasse Unrecht und verabscheue es, deine Schöpfungsordnung, lieber Gott, schätze ich aber über alles.

¹⁶⁴ Wegen deiner gerechten Entscheide sage ich dir unentwegt Dank, wenn es sein muß siebenmal am Tag.

¹⁶⁵ Die Menschen, die von Herzen deine Schöpfung lieben, haben Friede in Fülle, es gibt für sie keinen Anstoß.

¹⁶⁶ Ich harre auf deine Hilfe, lieber Gott, denn ich erfülle deine Gebote,

¹⁶⁷ deine Ordnung macht mein Herz ruhig, denn sie sind ihm wichtig.

¹⁶⁸ Deine Satzung und deine Ordnung bewahre ich in meinem Inneren. Alle meine Wege und Entscheidungen liegen offen vor dir.

ת **taw**

¹⁶⁹ Hör auf mein Rufen, lieber Gott, und unterweise mich armen Menschen mit deinem Wort.

¹⁷⁰ Laß auch mein Beten einmal zu dir gelangen und rette mich, so wie du es versprochen hast.

¹⁷¹ Ich will mich über dich freuen, wenn ich deine Schöpfungsordnung durch dich erklärt bekommen habe.

¹⁷² Ich will deine Vorschriften in allen Tönen loben, denn ich sehe in ihnen eine große Gerechtigkeit.

¹⁷³ Also, lieber Gott, hilf mir gleich, denn ich habe meinen Teil dazu beigetragen, nämlich deine Gesetze zu halten.

¹⁷⁴ Ich möchte, daß du mich rettest und zu dir nimmst, denn alle deine Vorschriften sind meine größte Lust.

¹⁷⁵ Mein ganzes Inneres soll aufleben und wird dich loben, denn deine Sprüche sind mein Schutz.

¹⁷⁶ Wie ein Lämmchen, das heimatlos umherirrt, suche ich dich, lieber Gott. Ich habe deine Gebote nicht vergessen. Und du mich?

Psalm 120
Hilferuf gegen Verleumder

¹ Ich rufe zu dir, lieber Gott, in meiner großen Not, und du schenkst mir Erhörung, so hoffe ich.

² Rette meine Seele vor böser Nachrede und falschem Zeugnis.

³ Du mieser, falscher Mensch, was denkst du, was der liebe Gott dir für deine Missetat einmal senden wird?

⁴ Du bekommst verdient in deine Fresse, und du wirst mit glühenden Kohlen traktiert.

⁵ Wehe mir, daß ich fern von dir, Gott, aushalten und in der Fremde wohnen muß.

⁶ Allzu lang schon hat meine Seele unter miesem Gesindel leben müssen, unter solchen Menschen, die Frieden hassen.

⁷ Wenn ich ihnen Frieden empfehle, dann drehen sie erst recht alles zum Streit!

Psalm 121

Zutrauen

[ein Weisheitslied]

¹ Ich schaue hinauf zu den mächtigen Bergen: Kommt die Hilfe von dort?

² Meine Hilfe kommt mir von dir, lieber Gott, von dem, der die ganze Schöpfung gemacht hat.

³ Er läßt sich nicht stürzen, und er behütet dich und schläft nicht.

⁴ Ganz sicher, weder schläft er noch schlummert er, er, der die Menschen beschützt.

⁵ Der liebe Gott hält dich, Mensch, der Herr behütet dich und steht dir immer zur Seite.

⁶ Am Tag versengt dich die Sonne nicht, und der Mond schadet dir nicht in der Nacht.

⁷ Der liebe Gott aber, der bewahrt dich vor allem Bösen und hat deine Seele in seinen Händen.

⁸ Er paßt darauf auf, wenn du hier weggehst und wenn du wiederkommst, jetzt und in alle Zeit.

Psalm 122

Eine Wallfahrt Davids

¹ Wie war ich voll Freude, als man mir sagte: ‚Wir wollen zum lieben Gott gehen!‘

² Freilich stehen wir immer noch hier unten auf der Erde mit unseren schwerfälligen Füßen.

³ Gottes Heimat ist jedoch nicht wie eine Stadt auf dieser Welt, mit festen Mauern und einem bestimmten Platz.

⁴ Alle Menschen wandern zu Gott hin, so wie er es uns gesagt hat, um ihm zu dienen.

⁵ Dort sind im letzten Gericht Sitzreihen aufgestellt, wo alle Menschen Platz finden werden.

⁶ Bittet für alle Menschen um Frieden. Sie werden ihn bekommen, wenn sie dich lieben.

⁷ Friede herrscht dann in deiner göttlichen Welt, und in der neuen Welt ist endgültige Geborgenheit.

⁸ Um aller guten, sogar der bösen Menschen willen wünsche ich nur eines: Friede soll dort herrschen!

⁹ Um in die Welt unseres Gottes zu gelangen sage ich dir noch einmal: ‚Durch Friede ist dieses Heil zu erreichen!‘

Psalm 123

Vertrauen

[ein Wallfahrtslied]

¹ Ꭻch schaue zu dir hinauf, lieber Gott, der du irgendwo dort droben wohnst.

² Wie die Augen von Lehrlingen stets auf die Hand ihres Meisters, die der Magd auf die Hand ihrer Herrin gerichtet sind, so schauen unsere Augen auf dich, lieber Gott, hinauf in den Himmel, solange bis du zu uns blickst!

³ Sei freundlich und wende dich uns zu! Wir sind mehr als satt vom Hohn unserer Spötter.

⁴ Mehr als satt ist unser ganzes Inneres von ihrer Mißachtung und von der Arroganz der Gescheiten!

Psalm 124

Das Netz ist zerrissen, wir sind frei

[ein Wallfahrtslied Davids]

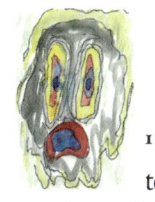

¹ Alle Menschen sollen es wissen: Hättest du dich nicht für uns eingesetzt,

² hätte sich nicht der liebe Gott für uns alle eingesetzt, als sich böse Mitmenschen zum Ziel gesetzt haben,

³ uns lebendig zu verschlingen, nur weil sie im Inneren zornig und aggressiv sind,

⁴ dann wären wir weggeschwemmt worden wie in einem tosenden Gießbach.

⁵ Dann wäre eine Riesenwelle über uns gekommen und hätte uns begraben.

⁶ Dank dir, lieber Gott, daß du uns nicht diesen menschlichen Tieren zum Fraß überlassen hast.

⁷ Unsere Seele ist im letzten Moment wie ein Vogel dem Netz des Jägers entkommen. Das Netz ist zerrissen – wir sind frei!

⁸ Du hast es geschafft, uns zu helfen, du, der auch die ganze Schöpfung gemacht hat.

Psalm 125
Schutz bei Gott
[ein Wallfahrtslied]

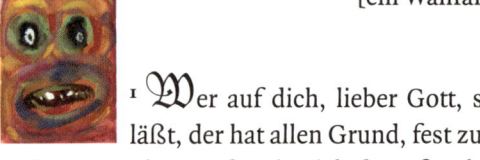

¹ Wer auf dich, lieber Gott, sich verläßt, der hat allen Grund, fest zu stehen,
nicht zu wanken und ewig sich darauf verlassen zu
können.

² Wie mich meine Berge ringsherum umgeben,
so ist der liebe Gott um seine Menschen herum und
schützt sie.

³ Die Ganoven sollen nicht die Oberhand über die
wenigen Gerechten bekommen, damit die Gerechtigkeit nicht ganz untergeht!

⁴ Schick doch einfach Gutes den Guten, denen
die in ihrem Inneren nur redlich sind.

⁵ Doch wer auf krumme Wege sich
begibt, den jage endgültig zum üblen
Gesindel! So kommt Friede über die
Menschen. Schalom!

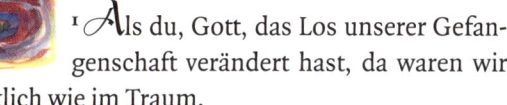

Psalm 126
Tränen und Trost

¹ Als du, Gott, das Los unserer Gefangenschaft verändert hast, da waren wir glücklich wie im Traum.

² Da konnten wir lachen und fröhlich jubeln. Da sagte man überall: ‚Gott hat ihnen doch Gutes getan!‘

³ Ja, der liebe Gott hat wirklich Gutes an uns getan, kein Wunder, daß wir fröhlich waren.

⁴ Dreh doch unser Geschick zum Guten, lieber Gott, genauso wie du trockene Bäche wieder anfüllst, auch wenn sie in der Wüste sind.

⁵ Die jetzt weinen und klagen, die werden später einmal jubeln.

⁶ Derzeit sitzen sie da und weinen, tun aber trotzdem nur Gutes. Irgendwann werden sie jubeln, und die Früchte ihrer Güte werden sie bekommen!

Psalm 127
Mühseligkeit und Trost

¹ Wenn nicht Gott der Herr das All baut, mühen sich vergeblich andere, die daran mitbauen wollen. Wenn nicht Gott die ganze Stadt hütet, wacht der Wächter umsonst.

² Es ist sinnlos, wenn ihr in aller Frühe aufsteht und erst spät in der Nacht zur Ruhe kommt, um dann euer mühselig erworbenes Brot zu essen. Der liebe Gott gibt es den Menschen, die ihn lieben, auch ohne diese Mühe.

³ Schaut doch her, die Kinder sind doch auch ein Geschenk Gottes, und die Leibesfrucht stammt doch letztlich von ihm.

⁴ Pfeilen gleich in der Hand eines Bogenschützen sind eure Söhne in der Jugend.

⁵ Selig der Mann, der einen solchen Köcher voll Pfeilen besitzt, die er von Gott geschenkt bekam. Die werden dir helfen, wenn du mit deinen Widersa-chern im Streit liegst.

Psalm 128

Segen von Gott

[ein Wallfahrtslied]

¹ Selig der Mensch, der dich, lieber Gott, fürchtet und ehrt und stets auf seinen Wegen geht.

² Das was du dir mit deinen Händen redlich erworben hast gehört dir. Sei froh darüber, daß es dir gut geht.

³ Deine Frau gleicht einem fruchtbaren Weinstock in deinem Haus, und deine Kinder rings um den Tisch so wie Früchte des Ölbaums.

⁴ Ja, so geht es dem Menschen, der Gott fürchtet und ihn ehrt.

⁵ Das ist der Wille des Schöpfers, und in dieser Ordnung wirst du allein glücklich werden, alle Tage in deinem Leben, weil du demütig dich als einen Teil der Schöpfung siehst. Schalom! Friede dir und deinen nachfolgenden Generationen.

Psalm 129
Aufrichtigkeit

[ein Wallfahrtslied]

¹ ℬöse Menschen haben mich verfolgt von Jugend auf, aber sie konnten mich nicht bezwingen,

² das sollt ihr wissen.

³ Auf meinem Rücken wurde alles denkbare Unrecht ausgetragen.

⁴ Doch du, lieber Gott, hast in deiner Gerechtigkeit ihre bösen Seilschaften zerschlagen.

⁵ Sie sollen sich schämen und abhauen, alle die uns hassen!

⁶ Sie sollen wie Gras auf Dächern wachsen, nutzlos und schädlich und verdorrt, schon bevor man es ausreißen kann.

⁷ Kein Mensch kann damit etwas anfangen, und niemand hat einen Nutzen davon. Und keiner, der an uns vorbeigeht, sagt: ‚Ich wünsche euch viel Glück und Zuversicht!‘ Ein paar wenige Aufrichtige tun das, die Mehrheit nicht.

Psalm 130
Hilfe im Entsetzen

[ein Wallfahrtslied]

¹ *A*us dem tiefsten Elend rufe ich, lieber Gott, zu dir, hör mich doch, höre!

² Sperr doch endlich deine Ohren auf und achte auf mein Rufen und Flehen.

³ Wenn du, lieber Gott, an die Boshaftigkeit der Menschen denken würdest, was bliebe dann noch übrig?

⁴ Aber die Bösartigkeit findet bei dir Nachsicht, wenn man sich dir wieder zuwendet.

⁵ Ich vertrau darauf, mein ganzes Inneres wartet auf dich und das, was du uns versprochen hast.

⁶ Mein ganzes Wesen wartet auf dich, mehr als der mutlose Wächter auf das erste Licht des Morgens.

⁷ Mehr als ein mutloser Mensch auf den kleinsten Hoffnungsschimmer wartet, so sollen die Menschen alle auf dich, lieber Gott, warten. Denn du wirst niemand enttäuschen, und in deiner Nähe lösest du alle Angst und Not auf.

⁸ Ja ich bin sicher, du wirst alle Menschen aus ihrer geistigen Not und ihrer Mutlosigkeit befreien können.

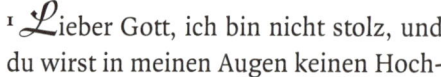

Psalm 131

Ergebenheit

[ein Wallfahrtslied]

¹ *L*ieber Gott, ich bin nicht stolz, und du wirst in meinen Augen keinen Hochmut finden. Ich versuche auch nicht Dinge zu ergründen, die für mich zu hoch, zu wunderbar und unverständlich sind.

² Ich habe meine Seele ruhig werden lassen, still und demütig. Wie ein kleines Kind, das seine Ruhe bei der Mutter findet, so möchte ich in deiner Gegenwart sein.

³ Ihr Menschen wartet geduldig auf den Herrn, jetzt und immer, seid geduldig!

Psalm 132

In Demut zu Gott

[ein Wallfahrtslied]

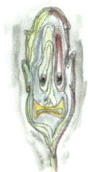

¹ *L*ieber Gott, denk doch an uns alle, denk an unsere Mühen.

² Denk daran, was wir dir an Treue entgegenbringen, dem starken Gott, dem auch schon unsere Väter anhingen.

³ Ich will mich nicht verzagt in mich selbst zurückziehen, mich in trügerische Ruhe wiegen,

⁴ nicht endlos faulenzen oder schlafen,

⁵ bis ich dich in meinem Gemüt gefunden habe, in mir, in meinem Inneren, wo sonst?

⁶ Wir hörten davon, daß Gott dort ist, vielleicht in Rom, vielleicht in Jerusalem oder sonstwo.

⁷ Laßt uns aber gemeinsam dorthin gehen, wo er wirklich ist, und demütig ihn in unserem Inneren suchen.

⁸ Lieber Gott, komm doch du in unser Inneres, dort wo du bist und wo wir deine Macht spüren.

⁹ Deine Priester sollen Männer der Gerechtigkeit sein, und deine frommen Anhänger sollen froh werden.

¹⁰ Wir sind deine treuen Anhänger, also weise uns nicht ab.

¹¹ Der Herr hat uns allen versprochen, bei uns zu bleiben, ein Eid, den er nicht brechen wird. ‚Es wird immer Männer und Frauen des Glaubens geben,

¹² und wenn die auf mich und meine Schöpfungsordnung hören, die ich ihnen gegeben habe, dann soll es von Generation zu Generation mit eurer Zuversicht immer gleich bleiben!'

¹³ Der liebe Gott hat seinen Platz in euch gewählt und ihn zu seinem Wohnsitz erklärt.

¹⁴ ‚Das ist für immer der Ort, wo ich ausruhe, hier will ich wohnen, so möchte ich es euch sagen!

¹⁵ Eure Seelen werden immer genug Freude haben, und selbst die ärmsten der Armen werde ich mit Nahrung versorgen.

¹⁶ Die Priester will ich bekleiden mit menschlicher Zuversicht und Wärme, und alle meine Anhänger sollen sich freuen können!

¹⁷ Dann gebe ich euch mehr Kraft und Gelassenheit, und in eurem Innern wird stets mein Licht brennen!

¹⁸ Eure bösen Widersacher werde ich beschämen, aber auf euch wird meine Ruhe und mein Glanz ruhen.'

Psalm 133

Wenn Menschen eins sind

[ein Wallfahrtslied Davids]

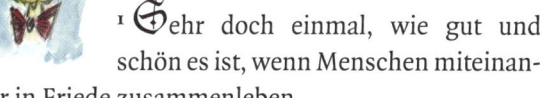

¹ Sehr doch einmal, wie gut und schön es ist, wenn Menschen miteinander in Friede zusammenleben.

² Es ist so ähnlich, wie wenn man wundervolles, duftendes Öl über den Kopf eines Menschen ergießt und es rennt über sein Gesicht nach unten. Ein wundervolles Gefühl.

³ Es ist wie eine morgendliche, vom Tau benetzte Pflanze, von einem Tau, der vom Himmel fällt. Der liebe Gott spendet so sogar bei den kleinen Pflanzen seinen Segen vom Himmel.

Psalm 134
Dank in der Nacht
[ein Wallfahrtslied]

¹ Hört ihr Mitmenschen, ihr, die ihr den lieben Gott mögt, ihr, die ihr auch zu später Stunde zusammengekommen seid, um an ihn zu denken.

² Erhebt euer ganzes Inneres zu ihm in seine Sphäre und lobt ihn.

³ Und ihr dürft sicher sein, daß der liebe Gott aus seiner Welt diesen Himmel und diese Erde und euch alle segnen wird.

Psalm 135

Loblied auf Gottes Wirken
in der Schöpfung

¹ Ich danke dir. Seid froh über euren Herrn und danket ihm, ihr Menschen,

² die ihr vor eurem Gott steht, ganz nahe bei ihm.

³ Lobt ihn, denn dieser Gott ist gütig und nicht böse. Freut euch über seine Freundlichkeit.

⁴ Der Herr hat euch erwählt, ihr seid sein Eigentum, ein Teil der sichtbaren Schöpfung, die er gemacht hat.

⁵ Ja ich weiß es: Der liebe Gott ist wirklich das Größte, das es gibt, weit größer als alle Götter, die Menschen gemacht haben.

⁶ Alles was dem lieben Gott gefällt macht er auch, im Himmel, auf der Erde, in den Meeren und in allen Tiefen und Höhen.

⁷ Er läßt es zu, daß die Wolken von einem Ende der Erde zum anderen wandern, er läßt es blitzen, regnen und unverhofft stürmen.

⁸ Er kann auch Menschen schütteln, Menschen und Tiere, wenn er es für richtig hält.

⁹ Gegen manche von euch drohte er schon vor

langem, und gegen manche Machtpotentaten und seine Anhänger schickte er Warnungen.

[10] Es kann auch sein, daß er Völker in die Niederlage schickt und mächtige Figuren aus dem Weg schafft.

[11] Hitler, Napoleon, Stalin, Richard III., Mussolini und Franco.

[12] Ihre Gewaltherrschaft brach er und gab den Menschen das Land in vernünftige demokratische Hände zurück.

[13] Lieber Gott, du und deine Welt ist ewig, auch das Denken an dich dauert von Generation zu Generation, und jede denkt anders.

[14] Letztendlich bist du es immer, der für ausgleichende Gerechtigkeit sorgt, und du tust es aus Mitleid.

[15] Die selbstgemachten Götzen sind bestenfalls aus Silber und Gold, sie sind aber von Menschen aus Lug und Trug hergestellt.

[16] Sie haben zwar ein Maul, können aber nicht reden, sie haben Augen und sehen nicht.

[17] Sie haben Ohren, aber hören nicht. Sie können auch nicht atmen, soweit ich weiß.

[18] Diejenigen, die diese Götzen gemacht haben, gleichen ihrem eigenen Machwerk, sie wollen selbst Götzen werden, und alle, die denen vertrauen, sind auch Machwerk!

¹⁹ All ihr Menschen, freut euch in eurem Gott, ihr Hindus, Moslems, Christen, Juden freut euch in Gott!

²⁰ Selbst ihr seltsamsten Sektierer, auch ihr sollt euch freuen! Alle, die den Herrn fürchten und ihn gerne haben, sollen sich freuen!

²¹ Er, der Schöpfer von uns allen, er soll überall gelobt werden!

Psalm 136

Dank für Gottes Taten

¹ Danket dem lieben Gott, denn er ist gut, und seine Liebe zu euch ist ewig!

² Dankt ihm, dem Gott, der über allen Göttern steht, denn er ist freundlich!

³ Seid dem Herrn aller Herren dankbar, denn er meint es nur gut! Ewig!

⁴ Er ist allein der, der das Wunder der Schöpfung gemacht hat, denn die dauert ewig.

⁵ Er hat auch den Himmel gemacht in seiner Weisheit und Voraussicht.

⁶ Er hat die Erde aus dem Wasser herausgeholt und festen Boden geschaffen,

⁷ er hat die großen Leuchten am Himmel gemacht, die Sterne und die Planeten,

⁸ er hat die Sonne als das größte Gestirn für uns gemacht, unseren Tag,

⁹ Mond und Sterne hat er gemacht, die in der Nacht leuchten.

¹⁰ Er hat uns unsere bösesten Feinde im Zaum gehalten,

¹¹ er hat uns herausgeführt aus unserer dunklen Unmündigkeit,

¹² er hat uns motiviert und uns Wege gezeigt, die wir gehen können.

¹³ Er hat uns durch die größten Gefahren hindurchgeführt,

¹⁴ er hat die Menschheit an so vielen Katastrophen vorbeigeführt,

¹⁵ manche der fürchterlichsten Führer hat er mit seinem ganzen Machtapparat ins Meer geworfen.

¹⁶ Er hat so viele Menschen durch geistige Wüsten geführt,

¹⁷ er hat Großkönige geschlagen

¹⁸ und mächtige Tyrannen umgebracht,

¹⁹ Adolf, den gewählten Führer der Deutschen,

²⁰ und Stalin, Machtmenschen aus Rußland, oder den Napoleon und den Franco,

²¹ und all ihre Macht hat er nach deren Verschwinden den Menschen wieder in ihre Hände gelegt.

²² Jetzt haben wir das Glück in unseren Händen und müssen es selbst steuern.

²³ Er hat uns immer in unserem Elend herausgeholfen, in das wir uns selbst manövriert haben,

²⁴ und er hat uns vor der endgültigen Vernichtung bewahrt,

²⁵ und nach wie vor gibt er allen Geschöpfen Nahrung und Zuversicht in eine bessere Zukunft.

Psalm 137
Heimweh nach Gott

¹ In unserem Egoismus und unserer Maßlosigkeit saßen wir beieinander und weinten, als wir an dich dachten, lieber Gott, den wir verloren hatten.

² Es gab nichts mehr zu lachen und zu freuen unter uns, denn jeder dachte nur noch an sich. Wir hatten unsere Heimat verloren.

³ Wir waren so in unserem Egoismus verstrickt, daß wir untereinander seufzten: ‚Was hatten wir früher gute Zeiten!‘

⁴ Wie können wir jetzt anfangen, wieder uns um dich zu kümmern, lieber Gott, in dieser geistigen Wüste?

⁵ Wenn ich dich aber je vergesse, lieber Gott, so soll mir meine Hand abfallen.

⁶ Ich will sprachlos werden, nicht mehr reden können, wenn ich nicht mehr an dich denken kann, wenn ich nicht mehr daran denke, daß mein Schöpfer meine höchste Freude ist.

⁷ Herr, laß den teuflischen Egoismus, der uns so weit gebracht hat, nie aus unseren Augen, zur Warnung!

8 Egoismus, Bösartigkeit, Gewalttätigkeit, ihr zerstört alles!

9 Wohl dem, der diese furchtbaren Eigenschaften nicht hat und mit allen Mitteln sie bekämpft.

10 Der hat es gut, der die Kraft hat, diese schlimmen Eigenschaften und ihre Folgen auszurotten, bei sich und bei anderen!

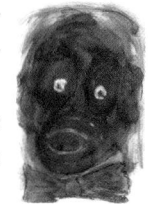

Psalm **138**
Dank in Bescheidenheit
[ein Psalm von David]

¹ Ich danke dir von ganzem Herzen und möchte das der ganzen Welt am liebsten mitteilen.

² Ich will mich still in mich selbst zurückziehen und für deine Treue und Barmherzigkeit in meinem stillen Kämmerlein dir Dankeschön sagen. Du hast auf mich gehört und weißt, daß ich dich und deine Schöpfung in meinem Inneren hochhalte und als das Wichtigste erachte, das es gibt.

³ Du hast auf mich gehört an jenem Tag, als ich im Elend dich anrief. Du hast meiner Seele Kraft gegeben.

⁴ Alle sollen sich freuen an dir, und sie sollen froh darüber sein, solche Worte wie die von dir überhaupt hören zu dürfen.

⁵ Sie alle sollen bekennen, daß nur auf deinen vorgeschriebenen Wegen es der Mensch gut hat. Wunderbar sind nämlich deine Wege!

⁶ Ja, du lieber Gott bist etwas Besonderes, du schaust auf die Elenden und Kleinen, und die Stolzen und Arroganten kennst du gar nicht.

⁷ Und wenn ich auch durch großes Elend gehen muß, du hältst mich am Leben. Du wehrst die schlimmen Menschen um mich herum ab.

⁸ Du nimmst uns in unserer Schwachheit und unserem Elend an, lieber Gott, und das auf ewig! Hör bitte nicht auf damit! Es wäre schlimm.

Psalm **139**

Unter Gottes Augen

[für den Chormeister.
Ein Psalm Davids]

 ¹ *L*ieber Gott, du hast mich durch-
leuchtet und kennst mich nun.

² Wo ich gerade bin, sitze, stehe oder gehe, du
weißt es. Meine Gedanken, bevor ich sie habe, kennst
du bereits.

³ Ob ich gehe oder schlafe, es ist dir alles bekannt.
Du bist vertraut mit all meinen Wegen.

⁴ Das Wort, das ich noch nicht ausgesprochen
habe, Herr du kennst es bereits.

⁵ Du umgibst mich von allen Seiten, und deine
Hand ruht auf mir.

⁶ Es ist wunderbar, dieses Wissen um dich. Es ist
zuviel, denn ich kann es nicht begreifen.

⁷ Wohin könnte ich mich verbergen vor dir, wohin konnte ich vor deinem Blick weglaufen?

⁸ Fliege ich hinauf in den höchsten Himmel, so
bist du schon dort, grabe ich mich in den tiefsten
Schacht, so bist du bereits dort und wartest auf
mich.

⁹ Fliege ich dem Morgenrot nach oder lasse mich nieder am entferntesten Meeresstrand,

¹⁰ auch dort ist schon deine Hand, die mich ergreift und mich tröstet.

¹¹ Würde ich denken wollen: ,Es soll dunkel werden anstatt Licht, es soll tiefste Nacht werden!'

¹² Auch diese Finsternis wäre für dich hell, diese Nacht würde für dich leuchten wie ein Tag und die schwarze Finsternis wäre dir Licht.

¹³ Du hast mich geschaffen und mir ein Bewußtsein gegeben, daß du bist, du hast mich vom ersten Zellwachstum an in deiner Hand.

¹⁴ Ich danke dir, daß du mir dieses Bewußtsein gegeben hast, dich zu erkennen. Ich weiß: Großartig ist deine Schöpfung.

¹⁵ Als ich aus einer Urzelle entstand, da hast du schon mein Äußeres und Inneres längst gestaltet und vollendet.

¹⁶ Du hast von Anfang an gesehen, wie ich entstanden bin, und in deinem Schöpfungsgedanken war ich bereits vollendet.

¹⁷ Wie undurchdringlich sind für mich, lieber Gott, deine Gedanken, und wie gewaltig ist die Anzahl deiner Naturgesetze, die wir nicht kennen oder verstehen werden.

¹⁸ Wollte ich sie alle zählen, es wären mehr als

Sandkörner, und wenn ich ans Ende käme, dann würde ich dich immer noch nicht ganz verstehen.

¹⁹ Lieber Gott, laß die, die dich und deine Schöpfung nicht verstehen wollen, zugrunde gehen, laß ihren blutgierigen Egoismus, der von der Not der Schwachen lebt, nicht sich ausbreiten.

²⁰ Sie reden über dich mit abfälligen und abscheulichen Bemerkungen, und dein Name, lieber Gott, ist für sie Dreck.

²¹ Soll ich denn dieses Volk nicht hassen, die dich so sehr hassen, soll ich die nicht verabscheuen, die dich verabscheuen?

²² Ich hasse sie aus tiefstem Herzen, und ihr Egoismus ist mir zum ewigen Feind geworden.

²³ Erforsch mich, Gott, blick in mich hinein, prüfe mich und schau, ob mein Denken redlich ist.

²⁴ Schau her, ob ich auf einem Weg bin, der dich kränkt, und zeige mir dafür den richtigen Weg.

Psalm 140

Bitte

[für den Chormeister.
Ein Psalm Davids]

 ² Rette mich, lieber Gott, vor dem bösen Gesindel, das gewalttätig und zerstörungswütig ist.

³ Diese Menschen denken den ganzen Tag in ihrem Inneren, wie sie Böses tun können, und sie sind darauf aus, wo es geht Streit vom Zaun zu brechen.

⁴ Sie sind wie Schlangen mit scharfen, gespaltenen Zungen und obendrein giftig wie Nattern.

⁵ Behüte mich, lieber Gott, vor diesem Gesindel, vor gewalttätigen Leuten dieser Art, die nur darauf aus sind, mir zu schaden.

⁶ Die elegante Arroganz legt mir eine Schlinge nach der anderen, bösartiges Volk spinnt ein Netz gegen mich, und sie lassen keine Falle am Wegrand aus, die sie mir stellen können.

⁷ Ich flehe dich an: Du bist doch mein Herrgott, hör doch mein lautes Rufen!

⁸ Lieber Gott, du bist die Hilfe, auf die ich ver-

traue, und du wirst mir doch auch helfen, wenn es
für mich eng wird?

9 Bitte, erfülle nicht jeden Wunsch der Ganoven
und laß ihre Intrigenpläne nicht gelingen!

10 Sie engen mich immer mehr ein und bedrücken
mich. Bitte laß ihre Bosheit sie selber treffen!

11 Laß doch einmal glühende Kohlen auf diese
regnen, und gib ihnen einmal einen Tritt, daß sie so
schnell nicht wieder aufstehen.

12 Diese Verleumder sollen nicht bestehen in dieser Gesellschaft, und diese Gewalttätigen soll der
Teufel holen, einen wie den anderen.

13 Ich weiß, lieber Gott, du bist der Vertreter der
Armen, und den Geschwächten ver-
hilfst du zu ihrem Recht.

14 Die Redlichen sind voll des Lobes
über dich, und die haben auch Bestand
vor deinen Augen, alle anderen nicht!

Psalm 141
Bitte um Bewahrung vor schlimmem Ende

[ein Psalm Davids]

¹ *L*ieber Gott, ich rufe dir, komm schnell und höre, was ich dir zu sagen habe.

² Wie Weihrauch soll mein Rufen zu dir kommen, und mein verzweifeltes Händeringen soll wie ein Abendgebet zu dir kommen.

³ Lieber Gott, bitte laß nicht zu, daß ich alles mögliche sage, Dummes und vieles, was besser nicht gesagt werden sollte!

⁴ Bitte gib, daß sich mein Inneres nicht bösen Dingen zuwendet und paß auf, daß ich ja nichts tue, was schandbar ist. Paß auf, daß ich nicht mit Menschen zusammenkomme, die nur Unrechtes sinnen und tun. Ich will mit diesen feinen Leuten nichts gemein haben!

⁵ Du bist gerecht, also schlage mich, es ist gut so, und wenn ich mich bessere, dann ist es eine Wohltat für jedermann. Ich sehe dies klar ein. Für die Gerechtigkeit will ich stets besonderes Augenmerk haben.

⁶ Muß sich das böse Gesindel auch in die letzten Verstecke flüchten, so weiß es doch, daß ich sogar liebevoll für sie zu Gott gesprochen habe.

⁷ Aber sie haben ihre Strafe! Es ist, wie wenn einer die Erde pflügt und die Steine an die Ränder des Akkers wirft, so liegen ihre gebleichten Knochen hingestreut an den Rand der Unterwelt.

⁸ Lieber Gott, mein ganzes Inneres wendet sich dir zu, ich flüchte mich zu dir, laß meine Seele nicht untergehen.

⁹ Ich bitte dich, mich vor jeder bös-artigen Schlinge zu bewahren, die man mir auslegt, vor jeder Falle, die man mir stellt und vor jedem bösartigen Plan.

¹⁰ Das Gesindel soll in die eigenen Netze und Fallen geraten, mir aber soll dies mit deiner Hilfe erspart bleiben!

Psalm 142

In Angst

[ein Weisheitslied Davids.
Ein Gebet]

² Mit lauter Stimme rufe ich dir, lieber Gott, ich brülle dich gerade an!

³ Ich schütte vor ihm wie Wasser mein ganzes Elend aus und breite meine ganze Angst vor seinen Augen aus.

⁴ Ich bin im Inneren mit meinem Geist am Ende, und nur du kennst einen Ausweg heraus. Auf dem Weg, den ich gerade gehe, hat man üble Schlingen und Fallen für mich gestellt.

⁵ Ich schaue nach rechts und links, ich schaue überall hin, doch keiner ist da, der sich um mich kümmert. Kein Ort, wohin ich gehen kann, kein Mensch, der sich für mich interessiert.

⁶ Also ruf ich zu dir, lieber Gott, du meine Rettung und meine Zuflucht, du, der mich an diesem Leben so teilnehmen läßt.

⁷ Achte bitte auf mein Rufen, denn jetzt bin ich elend über alle Maßen. Entreiße mich der Gewalt meiner Verfolger, denn sie wollen sich meines ganzen Daseins bemächtigen.

8 Führ mich doch endlich aus diesem Gefängnis
der Unfreiheit und der Angst heraus.
Ich würde dir tausendmal dafür danke
sagen. Ich werde es genauso mit anderen Menschen machen, wenn du mir
aus diesem Elend geholfen hast.

Psalm 143

Zerstöre alles Zerstörende

[ein Psalm Davids]

¹ Höre, lieber Gott, was ich zu sagen habe, du bist treu und gerecht, also hör auch mein Flehen!

² Schick mich armes Menschlein doch nicht ins Gericht, denn ich weiß, daß ich vor dir nicht bestehen kann, obwohl ich mich darum so bemüht habe.

³ Das Gesindel verfolgt mich, hat mein Leben bereits in seinen Krallen, sie haben mir alle Freude genommen, und ich fühle mich, als wäre ich schon lange tot.

⁴ Ich bin müde geworden in mir selbst, in meinem Inneren mag sogar das Herz nicht mehr gehen.

⁵ Ich denke an die früheren Tage, an deine Werke, an deine Schöpfung, an all das, was du getan und mit dieser Menschheit gewollt hast.

⁶ Ich habe lange Zeit nach dir, lieber Gott, ich fühle mich wie dürres Land, das Wasser braucht, so dürstet nach dir meine Seele.

⁷ Komm endlich, hör auf mich und hilf mir, denn ich habe genug von diesem Elend. Versteck dich doch

nicht vor mir, daß ich nicht genauso elend werde wie die, die dabei sind, zu sterben.

⁸ Laß mich doch bald eine Botschaft von dir hören, denn ich vertraue dir. Den Weg, den ich zu dir gehen soll, den zeige mir erst, und dann wird mein Inneres auf diesem Weg gerne zu dir kommen.

⁹ Reiß mich doch von meinen Feinden und Widersachern weg, lieber Gott, denn meine ganze Hoffnung liegt bei dir, also komm auch!

¹⁰ Zeig mir, was du von mir willst, denn du bist der liebe Gott, nicht ich. Deine Gesetze und Vorschriften, deine Schöpfung, alles ist gut: Ich sehe sehr vieles klar.

¹¹ Also, erhalte mein Leben, wie du es versprochen hast, und führe mein Inneres aus der Not und der Enge in die Klarheit und Weite.

¹² Meine Widersacher und Feinde dränge zurück, so wie du es versprochen hast. Mach alles kaputt, was mich kaputt macht, schau, ich verlaß mich auf dich.

Psalm 144

Dankbare Gedanken
an den Schöpfer

[ein Psalm von David]

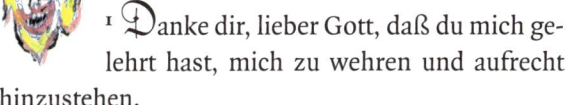

¹ Danke dir, lieber Gott, daß du mich gelehrt hast, mich zu wehren und aufrecht
hinzustehen.

² Das kann ich deshalb, weil du mein Rückgrat,
meine Festigkeit und auch damit mein Retter bist,
mein Fundament, auf das ich mich verlasse. Du
machst mich zum Herr meiner Sinne, nicht diese
sind Herr über mich!

³ Lieber Gott, was ist denn der Mensch, um den
du dich kümmerst, das kleine Menschlein, das du
beachtest?

⁴ Der Mensch ist wie ein Windhauch, und seine
Tage sind wie ein flüchtiger Schatten.

⁵ Lieber Gott, komm aus deinem Himmel heraus
und steig in unsere Nöte herab, rühre mit deinen Fin-
gerspitzen die Berge an, so fangen sie an, zu rauchen.

⁶ Laß es blitzen, zerstreue unsere Feinde und jag
sie fort, weit weg von uns!

⁷ Komm doch aus deiner unzugänglichen Welt zu uns herab, zu mir, befreie mich, reiß mich heraus aus diesen gewaltigen Wassermassen, reiß mich aus der Hand meiner Vergewaltiger.

⁸ Alles was aus ihrem Maul herauskommt ist gelogen, sie bestehen nur aus Meineiden.

⁹ Ich will dir dafür ewig dankbar sein, und mein ganzes Inneres soll eins sein mit dir.

¹⁰ Du hast doch in der Vergangenheit unseren Vorfahren von deiner großartigen Welt berichtet und hast ihnen soviel Hoffnung gegeben. Rette du mich heute.

¹¹ Nimm mich doch weg aus der Hand der Angstmacher! Alles was sie sagen ist gelogen, wenn sie den Mund aufmachen, schwören sie Meineide!

¹² Gib doch deine Zuversicht auch unseren Söhnen, wenn sie wachsen und orientierungslos sind, unseren Töchtern, wenn sie hübsch werden und nicht wissen, wie sie sich verhalten sollen.

¹³ Gib uns doch etwas Sicherheit für unser Leben, daß wir nicht dauernd Angst haben müssen für unsere Exlstenz. Es wäre schön, wenn wir uns nicht um die Zukunft unseres Essens und Trinkens kümmern müssen, sondern wenn dies bescheiden da wäre.

¹⁴ Das was wir brauchen sollen wir von dir bekommen, und es soll nicht so sein, daß wir uns täg-

lich beklagen müssen über dieses und jenes, was fehlt.

¹⁵ Wohl dem Volk, dem es so ergeht, glücklich die Menschen, denen der liebe Gott Richtstab und Maß ist.

Psalm 145
Gott in Größe und Güte
[ein Loblied Davids]

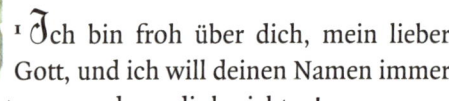

¹ Ich bin froh über dich, mein lieber Gott, und ich will deinen Namen immer im Herzen tragen und von dir berichten!

² Jeden Tag bin ich froh, daß du da bist, und ich werde jedem, der es will oder auch nicht, berichten, wer und was du bist!

³ Du bist groß, lieber Gott, und deine Größe ist nicht zu verstehen und zu erforschen.

⁴ Eine Generation kann der anderen erzählen, was du Großartiges getan hast. Das ist alles.

⁵ Sie können erzählen von deiner Macht, und ich werde immer von deinen Wundern in der Schöpfung berichten.

⁶ Die kommenden Generationen sollen aber auch erfahren von deiner Macht, wenn man gegen deine Schöpfungsordnung verstößt. Davon will ich immer berichten.

⁷ Alle Menschen sollen die Erinnerung an deine Güte wachhalten und immer von deiner großen Gerechtigkeit sprechen, der einzigen, die es gibt!

[8] Du, lieber Gott, bist mild wie ein Vater, langmütig und geduldig!

[9] Du, Gott, bist gütig zu jedermann, und in all dem, was du getan hast, ist dein großer Geist zu finden.

[10] All deine Schöpfungswerke zollen dir ihren Dank, und die, die dich mögen, sollen sich dem anschließen.

[11] Sie sollen reden von der Herrlichkeit in all den Dingen, die du gemacht hast, und wie eines aus dem anderen hervorgeht.

[12] Sie sollen allen Menschen zeigen, daß deine Schöpfungsordnung sinnvoll ist und nicht umgeworfen werden kann, die ehernen Naturgesetze, die wir noch gar nicht verstehen.

[13] Man soll den Menschen auch sagen, daß du für ewige Zeiten der gleiche bist, und daß deine Gesetze von Generation zu Generation gleich bleiben. Du, lieber Gott, bist treu in deinen Worten und Taten!

[14] Du, lieber Gott, fängst sogar die, die gefallen sind, wieder auf, und die Elenden und Armen richtest du auf.

[15] Alle Menschen warten auf dich und deine Zuneigung, du ernährst den ganzen Erdkreis mit jeder Art von Speise.

[16] Du öffnest dich den Menschen und sättigst so

alles, was lebt und da ist, mit deinem Geist, deiner
Speise.

¹⁷ Du bist gerecht, lieber Gott, in allem, was du
tust, und in allen deinen Werken ist ein großartiges
System und die Spur des Schöpfers unübersehbar zu
finden.

¹⁸ Du bist auch allen Menschen, die sich zu dir
wenden wollen, ganz nahe, nur zu denen aber, die
dich aufrichtig suchen.

¹⁹ Die Wünsche der Menschen, die dich fürchten
und achten, erfüllst du alle, du hörst
auf ihr Schreien und rettest sie, wann
du es für richtig hältst.

²⁰ Alles, was existiert und dich liebt,
behütest du, doch alles, was dich verneint, läuft ins Leere.

Psalm 146

Gottes Sorge

[Danke für die Hilfe]

1 Ich danke dir! Meine ganze Seele, mein Inneres, mein Gemüt, alles lobt diesen Gott.

2 Solange ich lebe, möchte ich dies tun, Gott danke sagen, dankbar sein und frohgemut weiterleben.

3 Verlaßt euch ja nicht auf mächtige Menschen, auf Menschlein, von denen es keine Hilfe gibt.

4 Alle diese Menschlein hauchen ihr Leben aus, und dann gehen sie in die Erde und werden zu Erde. Dann ist es aus mit ihren hochfahrenden Plänen.

5 Ganz anders der, der seinen Halt in dir, lieber Gott, sucht und findet und seine Hoffnung ganz auf dich setzt.

6 Der liebe Gott hat Himmel und Erde gemacht, das Meer und alles, was lebt. Er hält diesem Werk seine Treue!

7 Er ist es auch, der den Übervorteilten, Ausgebeuteten Recht schafft, den Hungernden Brot gibt und die zu Unrecht verurteilten Gefangenen frei läßt.

⁸ Der liebe Gott öffnet den Blinden ihre Augen, und die Lahmen richtet er wieder auf.

⁹ Derselbe Gott will auch, daß wir die Fremden unter uns beschützen, und er verhilft den Benachteiligten in unseren Gesellschaften zu ihrem Recht. Er liebt die Gerechten, und die Ganoven und Egoisten leitet er auf den Holzweg.

¹⁰ Du bist unser Urgrund von Ewigkeit her, und du wirst von Generation zu Generation weiter unser Herr sein, ob wir's wollen oder nicht.

Psalm 147

Gottes Freundlichkeit

[Dank dem Retter]

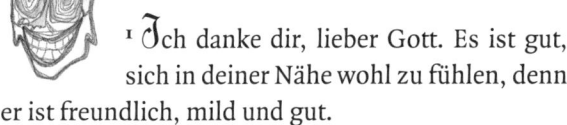

¹ Ich danke dir, lieber Gott. Es ist gut, sich in deiner Nähe wohl zu fühlen, denn er ist freundlich, mild und gut.

² Er baut euch haltlose Menschen wieder auf und gibt euch eine Richtung.

³ Er heilt gebrochene Herzen, verbindet schmerzende Wunden.

⁴ Er hat alle Sterne gemacht und jedem von ihnen einen Namen gegeben, und er kann sie rufen.

⁵ Gott ist groß, nicht nur gewaltig an Kraft sondern auch genauso groß in seiner Weisheit, nämlich unermeßlich.

⁶ Er hilft den Armen zu einem menschenwürdigen Leben auf und tritt die Ganoven in den Dreck.

⁷ Singt ihm ein Dankeschön, ihm, dem lieben Gott, so wie ihr es könnt!

⁸ Er ist der einzig Großes tut, den Himmel mit Wolken bedeckt, auf die Erde regnen läßt, Gras wachsen läßt auf den höchsten Bergen.

⁹ Er füttert das Vieh, und sogar die jungen Raben bekommen von ihm etwas, wenn sie Hunger haben.

¹⁰ Das elegante Roß mit seinem schnellen Lauf hat er nicht so gern, auch nicht wenn Athleten Laufrekorde aufstellen.

¹¹ Ihm gefallen am meisten die, die ihn mögen und ihm die Ehre geben und im übrigen voll Vertrauen alles auf ihn setzen!

¹² All ihr Menschen, seid doch froh, daß es ihn gibt, unseren Gott.

¹³ Er hat in dieser Schöpfung alles fest gefügt in seiner Ordnung von einer Generation zur nächsten.

¹⁴ Er schaut danach, daß die Schöpfung nicht aus dem Ruder läuft, er sorgt für jeden Menschen, daß er leben kann.

¹⁵ Er hat seine Schöpfungsordnung dem ganzen Erdkreis eingegeben, und überall sind diese Spuren der Ordnung zu finden.

¹⁶ Er ist es, der sogar schneien läßt, er hat Kälte und Reif geschaffen, genauso wie die Asche.

¹⁷ Er kann es hageln lassen, und wenn er es kalt werden läßt, dann erstarrt jedes Wasser zu Eis.

¹⁸ Dann kann er es wieder auftauen lassen, er läßt einen warmen Wind wehen und Wasser rieselt aus dem Eis.

19 Er hat allen Menschen diese Schöpfung überlassen, jedermann seine Gesetze, Rechte und Pflichten.

20 Allen Völkern hat er dies gegeben, und keiner ist davon ausgenommen. Ja so ist es!

Psalm **148**

Das große Lob

1 Danke, lieber Gott, danke! Seid froh über euren Gott, der in seiner Sphäre lebt, die ihr nicht betreten könnt.

2 Seid froh über ihn auch ihr, seine Engel, ihr, die ihm in seiner Welt dient, seid auch froh über ihn,

3 Sonne und Mond in unserer Welt, lobt ihn auch ihr wunderbaren leuchtenden Sterne, die wir sehen dürfen.

4 Lobt ihr ihn auch, die sichtbaren Himmel und das Wasser, das überall zu sehen ist, das von oben und das von unten.

5 Alle sollt ihr froh sein, daß es den lieben Gott gibt, denn er als Urschöpfer hat euch ins Dasein gerufen.

6 Er hat euch ins Leben gesetzt, euch und eure nachkommende Generationen für immer und ewig, er hat euch ein Naturgesetz gegeben, das ihr nicht antasten sollt.

7 Seid froh über ihn, all ihr Wesen auf der Erde, ihr unbekannten Tiere, über die wir noch nichts wissen in allen ihren Tiefen des Meeres und des Landes.

⁸ Auch ihr, Feuer und Hagel, Schnee und Nebel, Wind und Sturm, ihr sollt euch auch freuen.

⁹ Ihr Berge, ihr Hügel, ihr Fruchtbäume, ihr Tannen,

¹⁰ ihr wilden Tiere und die Haustiere, die Kriechtiere und die Vögel,

¹¹ ihr Mächtigen auf dieser Erde und all ihr Völker, wo ihr auch immer wohnt und siedelt, ihr Fürsten und ihr Richter auf dieser Erde,

¹² ihr jungen Männer und ihr Mädchen, ihr Alten und ihr Kinder!

¹³ Alle sollt ihr dankbar und froh sein, daß es euren Schöpfergott gibt. Er ist nämlich der, der über allem steht, und er ist der Begründer der Erde und des Himmels.

¹⁴ Allen Völkern hat er Würde verliehen, und er ist der Herr für die Frommen und weniger Frommen, aber für alle Menschen, denen er versprochen hat, daß sie mit redlichem Herzen ihm nahen dürfen. So ist es!

Psalm **149**

Die Freude der Gottesseligen

¹ Danke, ich danke dir, lieber Gott! Freut euch jeden Tag mehr an eurem Gott, ihr Menschen, und unter den Redlichen soll man ihn ganz besonders loben.

² Alle Menschen sollen sich herzlich über ihren Schöpfer freuen, alle besonnenen Menschen, auch ihre mächtigen Führer.

³ Sie sollen sich ganz einfach nur freuen und innerlich gelassen und frohgemut werden.

⁴ Der liebe Gott liebt die Menschen, und besonders die Schwachen unter ihnen, denen er immer aufhilft.

⁵ In großer Freude und Ausgelassenheit sollen sie in sich froh werden wegen dir!

⁶ In sich sollen sie gelassen und friedvoll werden,

⁷ sie sollen sich aber ruhig wehren, wenn böses Gesindel die ganze Welt zerstören will.

⁸ Sie sollen die nichtswürdigen Machtpotentaten ausschalten und ihre Tyrannen unschädlich machen.

⁹ Sie können über sie Gericht halten, wie es vorgesehen ist. Und diese Gerechtigkeit tut allen Menschen wohl. So ist es!

Psalm 150
Der menschliche Dank

¹ Ich danke dir, lieber Gott, ihr Menschen, seid froh über euren Gott, wo ihr auch immer seid. Seid froh, daß er allmächtig ist!

² Seid froh über seine großen Schöpfungstaten, seid dankbar für seine gewaltige Größe in seiner Schöpfung!

³ Seid innerlich gelassen und frohgemut und singt und pfeift ihm, so wie ihr es gerade könnt!

⁴ Ihr könnt ihm dankbar sein mit allem, was ihr gerne tut, singen, pfeifen, tanzen, spielen, schreiben,

⁵ malen oder einfach nur über ihn nachsinnen und an ihn denken!

⁶ Alles was atmet und lebt, seid glücklich und froh. Ja seid froh!

VERLAGSÜBERSICHT

Von demselben Autor bereits erschienen

1. Original – Fälschung?
Bildgebende Verfahren bei der Diagnostik von
Kunstwerken
Schnetztor-Verlag, Konstanz, 1990,
ISBN 3-87018-080-3

2. Der Untergang der Templer
Größter Justizmord des Mittelalters?
Herder-Verlag, Freiburg, Barcelona, Rom, 1992,
ISBN 3-451-04575-3

3. Die Geschichte der Angiographie
Verlag Schwarzwälder Chronik, Hornberg, 1992,
ISBN 3-82018-0114-1

4. Wiederaufbereitung?
Untersuchungen zur Wiederverwendung von
Kathetern, Führungsdrähten und Angioendoskopen
Schnetztor-Verlag, Konstanz, 1993,
ISBN 3-87018-101-X

5. Percutaneous Transluminal Angioscopy
Springer-Verlag, ISBN 3-540-51066-4, Berlin, Heidelberg,
New York, 1993
Springer-Verlag, ISBN 0-387-51066-4, New York, Berlin,
Heidelberg, 1993

6. Potential Reuse?
Study of the Reuse of Catheters, Guide-wires and
Angioscopes
Schnetztor-Verlag, Konstanz, 1993,
ISBN 3-87018-114-1

7. La Fine dei Templari
Un Feroce sterminio in Nome de la Legalità
Piemme Edizioni S.p.A., Turin, 1994, sec. ediz. 2004

8. Angiographie der Hand
Diagnostik und Therapie
Springer-Verlag, Heidelberg, 1994, ISBN 3-540-57890-0

9. El fin de los Templarios
Ediciones Península, Barcelona, 1996,
ISBN 84-8307-466-4

10. Röntgenstrahlen in der Archäologie
Schnetztor-Verlag, Konstanz, 1996,
ISBN 3-87018-123-0

11. Unter Kelch und Spinne
Konstanzer Geschichten aus der Jugend
Clio-Verlag, Konstanz, 1997, ISBN 3-00-001651-1

12. Im Schatten des Münsterturms
Clio-Verlag, Konstanz, 1998, ISBN 3-00-003723-3

13. Vincent A. Beck: Welttraumreise
Clio-Verlag, Konstanz, 1999, ISBN 3-00-004719-0

14. Rom schickt keine Legionen mehr
Clio-Verlag, Konstanz, 1999, ISBN 3-00-002361-5

15. Andreas Grüntzig – Eine Idee verändert die Medizin
Clio-Verlag, Konstanz, 1999, ISBN 3-00-004720-4

16. Die Blechschachtel
Erzählungen aus der Medizin
Clio-Verlag, Konstanz, 2000, ISBN 3-00-006452-4

17. Regentage
Schwarzwaldnovellen
Clio-Verlag, Konstanz, 2003, ISBN 3-00-006453-2

18. Herbstblätter
Schwarzwaldnovellen
Clio-Verlag, Konstanz, 2003, ISBN 3-00-010561-1

25. Johann Georg Fleig
Über ein Schwarzwälder Genie
Clio-Verlag, Konstanz, 2005, ISBN 3-00-017812-0

26. Novellen
Clio-Verlag, Konstanz, 2006, ISBN 3-00-019744-3

27. Tante Lisbeth
Clio-Verlag, Konstanz, 2008, ISBN 978-3-00-021778-4

**28. Vom unglückseligen Ende des gottseligen Oberstudienrates,
der Wilhelm August Braun war**
Clio-Verlag, Konstanz, 2008, ISBN 978-3-00-021779-1

29. Leiden ist endlich. Der Hiob
Clio-Verlag, Konstanz, 2008, ISBN 978-3-00-024203-8

30. Meine Psalmen
Clio-Verlag, Konstanz, 2009, ISBN 978-3-00-028180-8

A. Beck ORIGINAL – ?
FÄLSCHUNG

Bildgebend
Verfahren bei d
Diagnos
von Kunstwerk

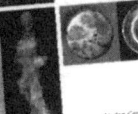

ISBN 3-87018-080-3

Andreas Beck

Röntgenstrahlen
in der Archäologie

Bildgebende Verfahren
bei der archäologischen
Diagnostik

ISBN 3-87018-123-0

Andreas Beck
Die Geschichte der Angiographie

ISBN 3-00-004720-4

Andreas Beck

Andreas Grüntzig
Eine Idee
verändert die Medizin

ISBN 3-00-004720-4

ISBN 3-00-001651-1

ISBN 3-00-002361-5

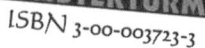

ISBN 3-00-003723-3

ISBN 3-451-04575-3

Vincent A. Beck

Welt Traum Reise

ISBN 3-00-004719-0

Andreas Beck

Leiden ist endlich
Der Hiob

Clio-Verlag Konstanz

ISBN 978-3-00-024203-8

Andreas Beck

Die
Blechschachtel

Erzählungen
aus der Medizin

Clio Verlag Konstanz

ISBN 3-00-006452-4

ANDREAS BECK

WUNDER-
HEILUNGEN
IN DER
MEDIZIN?

CLIO-VERLAG KONSTANZ

ISBN 3-00-013287-2

Andreas Beck
Regentage
Schwarzwaldnovellen

Clio-Verlag Konstanz

ISBN 3-00-006453-2

Andreas Beck
HERBST
BLÄTTER
Schwarzwaldnovellen

Clio-Verlag Konstanz

ISBN 3-00-010950-1

ISBN 3-00-013286-4

ISBN 978-3-00-021779-1

ISBN 3-00-017812-0

ISBN 3-00-013285-6

Andreas Beck
Banst und Beschft
Schwarzwälder Originale
Schwarzwaldnovellen
Clio-Verlag Konstanz

Andreas Beck
Vom unglückseligen Ende des gottseligen Oberstudienrates,
der Wilhelm August Braun war
Clio-Verlag Konstanz

Andreas Beck
Johann Georg Fleig
Ein kleiner Schwarzwälder Genius
Clio-Verlag Konstanz

Andreas Beck
Nachtgespräche
Erzählung aus dem Schwarzwald
Clio-Verlag Konstanz

ISBN 978-3-00-021778-4

ISBN 3-00-019744-3

ISBN 3-00-016928-8

ISBN 3-00-016928-8